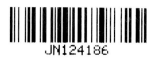

JN124186

西南学院院長当時の E. B. ドージャー（1965～1969年）

若き日のC. K. ドージャー（1906年）

M. B. ドージャー（1906年）

和服姿の宣教師たち（写真左からC. K. ドージャー、G. W. ボールデン、J. H. ロウ夫妻　1906年）

1 歳の誕生日を迎えたエドウィン（1909年）

幼少期のエドウィン（写真左）を背負う
C. K. ドージャー（1909年）

C. K. ドージャー一家（写真左からヘレン、ケルシィ、エドウィン、モード　1921年）

日本に宣教師
として赴任した
エドウィン
（1934年）

E. B. ドージャーと家族
（写真左からエドウィン、長男チャールズ、
長女サラ、妻メアリ　1940年）

高等学校のチャペルで講話を行うエドウィン
（1958年）

「伝道学」の出版を喜ぶ
エドウィン（写真右）と
妻メアリ（1963年）

大学祭のパレードでオープンカーに乗車するエドウィン（1966年）

大学の卒業式で式辞を述べるガウン姿のエドウィン（1967年）

日本政府から表彰された
エドウィン（写真左）と
妻メアリ（1968年）

神と人とに誠と愛を

【第２版】

E. B. ドージャー先生の生涯とその功績

斎藤　剛毅

発刊に寄せて

西南学院院長
西南学院史資料センター長
今井尚生

2016年に創立百周年を迎えた西南学院が次の百年を歩む中で、これまで西南学院の創立・発展に大きく貢献されてきた宣教師たちの思想と事績を振り返り、それらを心に留めつつ前進することは、学院関係者にとって大切なことであると同時に、日本における近代化と教育の関係、そこに果たした宣教師たちの役割を考える上でも重要なことであると思われます。西南学院史資料センターでは、これまでもC. K. ドージャー、W. M. ギャロットの伝記を刊行してきましたが、ここにE. B. ドージャー伝を『神と人とに誠と愛を〜E. B. ドージャー先生の生涯とその功績〜』として発刊する運びとなりましたことは誠に喜ばしい限りです。

E. B. ドージャー（Edwin Burke Dozier, 1908–1969）は、西南学院の創立者C. K. ドージャーの長男として、1908年に長崎で生まれました。彼は父親と同じく、宣教師として日本におけるキリスト教の伝道に努め、また西南学院第９代院長（1965–1969）として学院の発展に貢献しましたが、宣教師の二世として、日本人の心を自然体で理解することができたという点で、多くの宣教師の中でもユニークな存在であったと言えるでしょう。

ドージャー親子を対照させるとき最も興味深い点の１つは、両者の共通点と相違点です。共通点は言うまでもなく、両者が日本という地を、神から宣教の使命を与えられた地として理解し、文字通りその生涯を捧げたということにありますが、そこには違いもあります。父C. K. ドージャーは最初外国伝道を決心するものの、その地として思い描いていたのはブラジルだったといいます。極東の国、日本がその視野に入り、日本への伝道を決心するためには、C. T. ウィリングハムという、日本伝道を熱心に働きかけてくれた人の影響が必要でした。（本書17–18頁）その点、二世として日本で生まれたE. B. ドージャーの場合は、まったく自然な形で日本が宣教の地として選ばれました。否、宣教の地として日本以外は考えられなかったと言っても過言ではないと思います。彼が18歳の時、福岡郊外の山に家族で登った折、ある寺社において魂をしぼり出すように祈る老婦人の姿に接し、古代のアテネでまだキリスト教の神を知ることなく祈りを捧げる人々にキリスト教を伝道した使徒パウロのことを思い、日本における宣教に生涯を捧げようと決心したのでした。（同42頁）その動機には他の宣教の地との比較といった要因はなく、直接的に自らが触れ合う人々に対する実存的関わりと愛のみが、彼の動機を規定していたと言えるでしょう。

J. L. P. フェナーは、ドージャーの生涯を日本とアメリカ２つの文化をつなぐ架け橋として特徴づけられると評し、「両者の精神と心を的確に掴みながら、通訳することのできた人物」（同110頁）であったとしています。しかしアメリカ人であると同時に日本人でもあるということは、両者の板挟みという苦悩の中で思考し、行動することを意味しており、木村文太郎はそのようなドージャーの苦しみを「時には痛々しいほどでした」（同上）と回想しています。それは神と人との仲保者としてのイエス・キリストが苦難の道を歩まれたように、「２つのものの架け橋となる人間が宿命的に負わねばならぬ苦しみ」（同上）だったと言えるのかもしれません。

本書は、斎藤剛毅氏がヨルダン社から1986年に上梓したE. B. ドージャー伝の第２版として刊行されるものですが、それに加えてドージャーの３人の御子息および３人の教え子からの貴重な寄稿を掲載しています。ドージャーを直接知る親しい人々の手になる文章は、私たちにその人となりを伝えてくれるまたとない資料となります。ここに寄稿されました方々、およびその方々との連絡を取りつつ編集にご協力くださいました方々に対して厚く御礼申し上げます。さらに、年表やドージャー自身の文章資料、その他多くの写真資料を加えて上梓の運びとなりました。

本書の書名にある「神と人とに誠と愛を」という言葉は、妻M. E. ドージャーによると、夫E. B. ドージャーがその父C. K. ドージャーの遺した「西南よ、キリストに忠実なれ」というメッセージを、当時の世代に言い直したものである、ということです。父が学院に残した建学の精神を受け継ぎながらも、それを自らが生きた時代の学生へ、自らの言葉に直して、最後のメッセージとして語った言葉でした。

本書が、日本とアメリカの架け橋とならんことを心より欲し、その生涯を日本における伝道と教育に捧げることを通して神に仕えた信仰の先達の生き方・考え方を伝えるものとして、読者の心に残ることを祈念いたします。

目　次

第一部

神と人とに誠と愛を

～E. B. ドージャー先生の生涯とその功績～

凡　例

・第一部では、1986年発行『神と人とに誠と愛を～ E. B. ドージャー先生の生涯とその功績～』を改訂して収録しました。

・1986年版（初版）は英語表記を除いて縦書きでしたが、全て横書きに改めました。

・本文中の漢数字による表記は原則として、算用数字の表記に改めました。

・本文中の漢字は原則として常用漢字に改め、俗字や略字、異体字等は正字に改めました。また、難読な漢字には適宜ルビを付しています。

・本文中、表記の正確さを期すために、平仮名から漢字、あるいは漢字から平仮名に改め、句読点を付した箇所があります。

・本文中、明らかな誤記と思われる箇所には適宜修正を施し、当該部分に（ママ）と付記しています。

・本文中の肩書きや名称は当時のものです。

・今日の人権意識を尊重する立場から、本文中には表記を改めるべき語句も含まれていますが、当時の時代性を考慮し、文脈からも必然的なものであると判断し、底本通りの表記としている部分があります。

序

E. B. ドージャー先生は、日本バプテスト連盟再興の恩人だと思っています。

戦時中、日本に「帰国」する日に備えてハワイで待機しておられた先生は、入国の許可が下りるとすぐ、日本に帰って来られました。当時の列車は超満員、屋根の上まで人がよじ登り、入口は人で一杯で窓から出入りする有様でしたが、そうした中で先生は、あらゆる不便に堪え、苦痛を忍び、東京から中国、九州と、残されたバプテストの群を訪ねては、再起への道を切り開いて下さったのです。

こうして16の教会をもって日本バプテスト連盟が再発足し、南部バプテスト連盟外国伝道局からの多大な人的、財的支援を受けて、今日までの発展をみたのでありますが、その基礎をしっかりと据えて下さった宣教師の中で、決して忘れることができない方が２人あります。１人はW. マックスフィールド・ギャロット博士。もう１人は、エドウィン B. ドージャー博士です。

お２人は対照的ともいえるような違った性格のお方でした。ギャロット先生は、愛を義で包んだような方。そしてドージャー先生は、義を愛で包んだ方だったように思われます。

ドージャー先生は優しく、涙もろく、日本人のためには、どんなこともしようとするお気持に、私たちはずい分無理もお願いし、ご親切に甘えてきたように思います。今でも湘南海岸を車で通るたびに、ドージャー先生を思い出すのですが、天城山荘の敷地を見るために、何度も私たちをワゴン車に乗せて運んで下さったのは、さぞ大変であっただろうと、今、しんみりと思い出します。

今回、斎藤剛毅先生によってドージャー先生の伝記が書かれたことを嬉しく思います。英文ではロイス・ホエリー女史が書かれたすぐれた書物がありますが、こうして日本人の牧師先生が、恩師に対する思慕と愛情をこめて日本語で書かれたこの本は、献身とは何か、愛とは何か、世界伝達の使命とは何かを具体的に示しています。

　斎藤先生が忙しい牧会の中で、こんなにも整った本を書いて下さったことを、心から感謝いたします。

1986年８月

元常盤台バプテスト教会牧師　松村秀一

はじめに

「ローマは１日にして成らず」という有名な諺がある。それと同じように、「人間は１日にして成らず」と言えるのではあるまいか。世界に人間は無数に生きている。しかし、人間らしい人間はそんなに多くはいない。人間らしい人間とは、どんな人のことをさすのであろうか。それは神から自分に与えられている使命を自覚して、その使命遂行のために全力を投球して生きていく人であると言うことができると思う。

神をおそれる人でなければ、神の御心を知ることはできない。夏目漱石は「則天去私」という語を好んだが、「天に則って私心を去る」という心構えこそ、神の御心を知り、天命を知ろうとする人に適わしいものである。中国では天は神を意味した。日本でも、かって神を礼拝する教会堂のことを、天主堂と呼んだ。したがって、天命とは神から与えられる使命と同意語である。

天命を知るためには、神を知らねばならない。神を知ったならば、地上における自分の使命が何であるかを、謙虚に神から聞かねばならない。自分の使命が分かったならば、その使命遂行のために、己れのベストを尽さねばならない。その努力の中に、人間らしい人間が形成されてゆくのではないだろうか。

天命は神から与えられるものであるから、使命を自覚し、その遂行を志す者は、たえず神に祈り、神の守りと導きの下で、その使命を果たしてゆく力を受けてゆかねばならない。使命を自分の力でのみ全うしようとする者は、自己過信に陥ったり、神の僕（忠臣）であることからはずれてゆく危険に陥る。ゆえに、使命の遂行のために努力する者は、たえず神に謙虚に聞く心を養わねばならない。私心を葬り去ることは困難である。神の聖意志に忠実で、従順であるためには、私心との闘いを厳しくなしてゆくことが要求される。

この書の主人公であるエドウィン・ドージャー博士は、日本人のためにその生涯を捧げ尽した宣教師、父親のC. K. ドージャー師から人間らしい生き方を学び取った。C. K. ドージャー師は、日本人の救霊こそ天命と知ると、困難を克服してその道をひらき、宣教師として来日した。宣教活動の中で教育を通しての伝道が自分の使命であると知ると、西南学院の創立のために全力を傾け、また、院長として創業の苦しみに耐え、西南学院がキリストのみ旨に忠実でありながら、成長・発展することを祈られた。そして、地上の使命が終ると天に召されていかれたのである。

エドウィン・ドージャー先生も、父親にならって、キリストに忠実に生きることを生涯の指針とし、その努力の中で、日本人伝道という自分に課せられた使命を全うするために、自分の命を神に捧げることを辞さなかったのである。エドウィン・ドージャー先生は、日本人のためにその生涯を捧げ尽し、キリストの待っておられる天国に帰っていかれた。

ドージャー先生親子は、人間らしい人間としての模範を、イエス・キリストの生涯の中に見い出した。自己中心的な生き方を求める自我の欲望を捨て去り、神の聖意志(みむね)に徹底して服従して生きていくことは、死に結びつくことを知りながら、死への道を選びとっていかれたのである。ドージャー先生親子の生涯は、イエス・キリストを指し示す「指」としての生涯であった。

人間らしい生き方とはどんなものか、崇高な生き方とは、どんな生き方かという問いが、今日の日本でもっと強く問われるべきではないかと思われる。日本人は、未だに異国の民のために出て行って、自分の生涯を捧げて生きるという偉大な精神に対して、余りにも無頓着であると思う。私心を去って、神の使命に生きるという生き方を、もっと学ばねばならないのではないだろうか。

筆者は、日本にその生涯を捧げられたE. B. ドージャー先生の生涯を描くことによって、日本のキリスト教会につながる人々が、人間らしい人間の具体例を学び、神から与えられる使命に生き抜く尊さ、美しさを感じとってほしいと心から願いつつ、筆を執った次第である。

第Ⅰ章　エドウィン B. ドージャーの誕生と家族

1　誕生とその時代

エドウィン・バーク・ドージャー（Edwin Burke Dozier）は、1908年4月16日、桜の美しく咲き香る長崎で生まれた。彼は、1906年にアメリカ南部バプテスト連盟から日本に派遣された魅力ある宣教師、C. K. ドージャー夫妻の長男として生まれたのである。エドウィン・ドージャーは、後にこの誕生日を、神が日本に遣わされた日と考え、誕生の時以来、自分は日本への宣教師となるように定められていたのだと思うと述べている[1)]。

エドウィンがこの世に生を受けたのは、明治維新（1868年）から40年経過した年であり、日本政府の富国強兵策により、軍国主義、国家主義、そして、帝国主義が、著しく台頭していた時代であった。この19世紀の後半期は、西欧の諸強国が、アフリカ・アジア・太平洋地域に植民地を獲得する競争を展開した時期であり、日本の指導者たちも、欧米諸国に負けてはならないと、植民地獲得競争に参加していたのである。彼らは、貧しい日本が欧米の強国に伍してゆくためには、アジア近隣諸国を支配し、その天然資源を手中に収めることが必要であり、それは同時に日本の防衛にもつながると考えていた。

軍事力の弱かったアジア諸国は、外国からの侵略を招いてしまい、悲しいことに自国領土の利権を奪われていった。日本も、アジアの弱小諸国からの経済的利権を獲得し、領土分割という貪(どん)欲に捕われ、近隣諸国への国家的侵略の度合いを強めていった。1894年から95年にかけての日清戦争において勝利を収めた日本は、台湾を自国の領土とし、その勢いに乗って1904–05年の日露戦争で、巨人ロシアとの戦いに勝って世界を驚かせた。ロシアは、敗戦の結果、樺太の南半をはじめ、中国において獲得していた領土の主権を、日本

1） Sarah Ellen Dozier, *My Daddy Told Me*（Nashville: Broadman Press, 1949）, p. 1.

に譲渡せねばならなかった。この日露戦争での勝利は、1910年の朝鮮合併への道を開いてゆくのである。それは朝鮮民族にとっては忘れ難い36年の受難の歴史のはじまりを意味した。そして、日韓合併は、朝鮮半島が北朝鮮と韓国に分断されてしまう国家的悲劇の遠因となってしまうのである。

このようにして、日本は、罪を犯しながらも、世界の強国とみなされるようになり、軍国主義と帝国主義は、日本にあって、さらに強化されていった。このような時代に、エドウィン・ドージャーは日本で生まれ、幼少期を過ごしたのである。

2　家族

エドウィンの両親は、献身的精神に富んだ宣教師であった。父、チャールズ・ケルシィ・ドージャー（Charles Kelsey Dozier）は、確固たる信念の持ち主であり、目的達成のために、誠実に、着実に努力を傾け、責任遂行のためには、苦労をいとわない人であった。彼は、死に至るまで、キリストの召命に、忠実かつ従順であろうとした。彼は1933年５月に心臓病で倒れて天に召された時、「西南よ、キリストに忠実なれ」（“Tell Seinan to be true to Christ”）という有名な言葉を残して、この世を去っていった。

C. K. ドージャー一家（1913年）

母、モード・バーク・ドージャー（Maude Burke Dozier）は、非常に信仰深い女性であった。彼女は２人の子ども、エドウィンとヘレンのやさしい母親であり、また、良き教育者であった。２人の子どもは成長して、やがて両親の祈りに応えて宣教師となって日本に帰ってくるのであるが、それは、彼女の日々の祈りが２人の献身の背後に積み重ねられていた結果である。彼女は、夫への優れた協力者であり、内助の功を発揮した良き妻であった。W. M. ギャロット（William Maxfield Garott）博士は、彼女を評して「もの静かで、控えめであり、働き者でねばり強く、祈りを重んじ、創造的でけっして人の前に自己を押し出さず、人を愛して感謝をいつも言い表わす人であった[2)]」と述べておられる。

２－１　父／C. K. ドージャーの生涯

C. ケルシィ・ドージャーは、1879年１月１日、ジョージア州のラグランジュという小さな町に、ヘンリーとノラ・ドージャー（Henry and Nora Dozier）の３番目の子どもとして生まれた。ケルシィの曾祖父は、信仰のゆえに迫害を受けたフランスのユグノー（プロテスタント教徒）であり、信仰の自由を求めて、家族と共にフランスから逃れてアメリカに渡り、サウス・カロライナ州のチャールストンの近くの土地に入植した[3)]。

ケルシィが27歳の時の日記に、「私の幼年時代の学習は、母の膝の上でなされた。母は私に神のこと、救い主キリストのことを教えて下さった[4)]」と書いているが、偉人の母と言われる人には、神を畏れ、愛と知恵と祈りをもって、子どもを育てる人が多いことを教えられる。13歳のとき、ケルシィは、イエス・キリストを救い主として信じ、受け入れ、バプテスマ（浸礼）

C. K. ドージャー（1932年ごろ）

2）Maxfield Garott, *Japan Advances*（Nashville: Convention Press, 1956), p. 126.
3）Maude Burke Dozier, *Charles Kelsey Dozier of Japan*（Nashville: Broadman Press, 1953), p. 5.
4）水町義夫編『ドージャー院長の面影』（福岡・西南学院、1934年）、６頁。

を受けて、ゲインズヴィル第一バプテスト教会の会員となった。彼は、入信の時、神様が祖国においてではなく、どこか遠い外国でキリストを宣教することを求めておられるように感じたのであった。

しかし、信仰に入って間もなく、試練の嵐が彼に向かって吹き荒れた。彼の父の協同経営者が誠意を裏切る行為に走り、それが原因して、事業が倒産してしまったのである。経済的貧困という避けられない悲痛の中で、ケルシィの父は、健康を害し、病床に伏す身となった。その結果、３人の息子たちは、大学進学の夢を打ち砕かれてしまい、主席で高等学校を卒業した長男のエドウィンは、家族の生計を支えるために就職し、働きはじめた。そして、彼は、働きながら、弟のケルシィにはどんなことがあっても大学で学ぶ夢を実現させてやりたいと考える、弟思いの人であった。ケルシィの叔母、アンティ・ホイットフィールド（Auntie Whitfield）も宣教師希望のケルシィを大学に行かせるための援助を申し出た。

自分が踏み台となり、弟は大きく、たくましく成長してほしいと願う、兄の愛情に支えられて、ケルシィは、ジョージア州のマーサー大学を優秀な成績で卒業した。その時、ケルシィの心に燃え続けている宣教師志願を知っていたエドウィンは、弟のケルシィに、ケンタッキー州ルイヴィル市にあるサザンバプテスト神学校に行って学びを深め、宣教師としての道を拓くように強く勧め、励ました。ケルシィは、兄の祈りと信仰に基づく激励と経済的支援を心から感謝しつつ、1903年に神学校に入学した。後に、ケルシィが結婚して、長男を得た時、息子にエドウィンと名づけたが、その背後には、兄への限りない感謝と尊敬がこめられていたことは言うまでもない。

サザンバプテスト神学校は、1859年に創立された伝統ある優れた神学校であり、有能な伝道者が数多く育成されてきたところである。この神学校において訓練されることに大きな喜びと期待を抱いて入学して間もなく、ケルシィは、ノース・カロライナ州出身のモード・バークと出会うのである。彼女は、宣教師として中国に行きたいという願いを心に秘めて、神学校に入学した女子神学生であった。やがて、２人の間に愛が芽生え、外国伝道のために祈りを合わせるようになった。ケルシィはブラジル、モードは中国と、それぞれ異なる個人的希望はあったが、神のみ旨に絶対服従することが２人の願いであり、神の聖意志(みむね)が示されるように祈り続けた。後に、ケルシィは、ある宣教師との出会いが、２人の導かれてゆく宣教地の選択に決定的な影響を与えたと次のように述べている。

> 私がC. T. ウィリングハム（Calder Truehart Willingham）師と初めて出会ったのは、1902年の事です。当時、私は、マーサー大学の２年生でありましたが、同師が私たちの母校の卒業式に列席されたのです。そして、日本への宣教師として私たちに紹介されたのですが、当時、私は日本ではなく、ブラジルの宣教師になりたいという希望をもっていました。２回目に同師にお会いしたのは、ノース・カロライナのアシュヴィルにおいてでありました。その時、アシュヴィルで学生宣教会の大会が開かれていたのですが、同師は、私を見つけると、深夜の２時までかかって日本の宣教師になれと言ってやまなかったのです。私は祈って、真面目に考えますと言って別れたのですが、同師の人に迫る恐ろしい程の真剣さは、今でもはっきりと思い出すことができます。３回目の出会いは、1906年、テネシー州のナシュヴィルで開かれた学生国際宣教大会の席上でありました。同大会には、モード・バークも出席していたのですが、同師は、私たち２人に、日本行きを勧めてやまなかったのです。私たちは、それを神の召命と信じ、遂に日本に宣教師として行くことを決心したのです[5]。

1906年４月、ヴァージニア州リッチモンドにある南部バプテスト連盟外国伝道局は、C. K. ドージャーとモード・バークを日本への宣教師として任命した。その時の印象を、モード・バークは、次のように述べている。

> 私たちが任命された後で、外国伝道局の総主事、R. J. ウィリングハム（Robert Joshua Willingham）博士が両手に私の手をしっかりと握りしめ、"God bless you! God bless you! God bless you!" と３度言われたことを、けっして忘れることができません。ケルシィ・ドージャーも、第１の目的が達成されたことを感じ、犠牲の祭壇に自分の命を捧げつくす覚悟を固めたのでした[6]。

5） 峯崎康忠編『日本バプテスト連盟史（1889–1959年）』（東京・ヨルダン社、1959年）、200頁。
6） Maude Burke Dozier, *Charles Kelsey Dozier of Japan*（Nashville: Broadman Press, 1953), p. 10.

ケルシィ自身も、その時の感激を、4月4日の日記に簡略に書いている。

> 1906年4月4日
>
> 私たちは日本伝道のために派遣されることになった。この事が決定した瞬間は、恐らく私の生涯の中で、色々の点で最も幸福な瞬間であつた。未だかつてなかったことであるが、私は、昨夜、神に仕えるために長生きしたいと思った[7]。

サザンバプテスト神学校から神学修士号を得て卒業したケルシィは、1906年6月6日モード・バークと結婚した。それから、2人は、日本への長い航路を新婚の旅路として考え、忙しい準備の日々を過したのである。C. K. ドージャーが美しい小柄な花嫁と共に日本の土を踏んだのは、1906年9月27日のことであった。彼らと共にJ. H. ロウ（John Hausford Rowe）夫妻、そしてG. W. ボールディン（George Washington Bouldin）夫妻も宣教師として長崎の港に到着した。新しくバプテストの3組の若い宣教師たちが日本に赴任したこの年に、4組の宣教師夫婦が事情あって帰国し、4組の宣教師家族だけが日本で宣教活動に従事していた。これは、宣教師にとって、異国の習俗文化への適応と、言語の習得が、いかに困難であったかを物語っている。しかしながら、1889年に、J. W. マッコーラム（John William McCollum）夫妻とJ. A. ブランソン（John Alexander Brunson）夫妻が日本に派遣され、1892年に、小倉に伝道所を開設して以来、14年の間に伝道の成果は着実にあがって、九州に7教会（小倉・門司・福岡・佐世保・長崎・熊本・鹿児島）が組織され、1903年には、バプテスト西南部会が組織されていた。

日本到着後、ドージャー、ロウ、ボールディンの3夫妻は、大きな家に合宿し、日本語の学習に取りかかり始めた。ドージャーは、「日本においては、南部バプテストの大きな可能性を許容する門戸が開かれている。私たちは、主なるキリストのために、その門から入るべきではないか、私たちの得た場所は、アメリカのどんな牧師に与えられた場所とも替え難いものである[8]」と書いている。ドージャー夫妻は、日本人とその接触を好み、つたない会話

7）水町義夫編『ドージャー院長の面影』（福岡・西南学院、1934年）、6頁。
8）Edwin B. Dozier, *A Golden Milestone in Japan*（Nashville: Broadman Press, 1940), p. 72.

を通して、人々の性質や言葉を把握しようと努めた。彼らは、3年間の厳しい日本語の学びを積み重ね、その後に、日本語試験に合格せねばならなかった。5か月の日本語学習の後、ボールディン夫妻は鹿児島へ、ロウ夫妻は小倉へ赴任したが、ロウ夫妻は、後に、西南女学院を創立することになる。ドージャー夫妻は有名な海軍港である佐世保へ遣わされ、E. N. ウァーン師が建てた美しい教会堂で礼拝を共にし、少数の信徒と日本人牧師を助けて1年を過ごした。

1907年に南部と北部のバプテスト宣教団同志の協議が行われ、北部バプテストは、人材不足のため、下関・長府・萩・広島の各伝道地を、南部バプテスト宣教団に委託したいと申し出た。その結果、ドージャー夫妻は、下関での宣教を依頼されて、下関に向かうことになった。ところが、約1年の下関滞在後、即ち、1907年10月17日に福岡バプテスト神学校が開設され、C. K. ドージャーは、新約聖書とギリシャ語の教師として、神学校に招聘されて、神学教育にたずさわることになった。

彼が伝道者養成の仕事に打ちこんでいた時に、宣教団は、福岡に夜間学校を開校し、日本人学生に英語を教えてはどうかと発議し、その実行を決議した。そして、C. K. ドージャーは夜間学校の校長になるように依頼されたので

福岡バプテスト神学校（後の西南学院校舎　1908年）

ある。学生を募集してみると、66人の応募があり、宣教師の経営する西日本最大の夜間学校としてスタートすることになった。ドージャー校長は、夜学の学生たちに情熱を傾けて教え、また、毎晩、礼拝の時をもって、学生の魂にキリストの福音を語り続けた。その結果、礼拝の出席も増加し、バプテスマ（浸礼）を受ける学生も増えていった。

夜間学校が福岡の向学心に燃える学生の教育に貢献することを知った宣教団は、男子のための昼間キリスト教主義学校の設立を考えはじめ、1911年4月、日本バプテスト宣教団の書記であったC. K. ドージャーは、外国伝道局に手紙を書き送って、男子のための学校設立の許可と援助を申請した。4年の後、外国伝道局はその申請を承認した。「1916年4月の開校を許可する」という手紙が届いたのは、1915年1月のことであった。そして、学校創立に関する全責任は、C. K. ドージャーに委ねるとあった。彼は、新しい学校設立のために、早速、創立委員会を組織し、委員のドージャー、ロウ、クラーク（W. Harvey Clarke)、ウィリングハム、斎藤惣一、尾崎源六の諸師たちは、毎週のように会合を重ねて、開校の準備にとりかかったのである。

約1年3か月の準備期間に、ドージャーは、想像を絶する多くの仕事に取り組まねばならなかった。彼は「筆舌に表現し難い疲労を覚える」と日記に書いているほどである[9)]。度重なる会議、学校を設立するのに適わしい土地探し、クリスチャン教育者の選考、福岡県庁への学校創立のための申請書の作成、学校設立代表者としての諸種の仕事と面談など、次々と解決してゆかねばならぬ仕事の1つ1つを、疲労感と闘いながら、遂行していった。やがて開校の日が近づき、1916年（大正5年）4月11日、104人の学生と9人の教職員をもって、私立西南学院（現在の学校制度で言えば中学校の3年間と高等学校の2年間に当たる）の開校式が無事終了し、前途多難の学園経営がスタートしたのである。「西南学院」という名称は、仙台の東北学院、神戸の関西学院に対して、福岡は西南学院がよいという一教師の提言に基づいて、日本のキリスト教教育を分担するという雄大な理想をもって採用されたものであった。1916年12月の日記の中で、ドージャーは、「今年はわたしが日本

9）Maude Burke Dozier, Charles Kelsey Dozier of Japan（Nashville: Broadman Press, 1953), p. 34.

西南学院創立当時の教職員生徒（1916年）

に来てから初めてと言ってよいほどの、最も多忙な年であった。即ち…西南学院の創立これである。わたしは忠実であることを努めた」と書いている[10)]。西南学院が創立されると、ドージャーは、中学校と夜学校の経営と教育に心血を注いだ。そして、学校の礼拝の責任を分かちながら、相変らず多忙な日々を過ごしていった。

西南学院が創立されて２か月後に、條（じょう）猪之彦氏が病弱のために、院長を辞職するという事態が生じた。学院の理事たちは、後任の人事で頭を痛めたが、最終的には、C. K. ドージャーが院長として選ばれ、彼は、その後12年にわたって、執務を果すことになったのである。西南学院中学部第１回卒業生であり、後に、西南学院高校校長・大学教授・西南学院院長などの重責を担った伊藤俊男氏は、創立当時の中学部を回顧して次のように述べている。

> 大正５、６年頃と言えば、まだ福岡などにはキリスト教を邪教視する向きが強く、宣教師のかたがたのご苦労は想像を超えるものがあったようでありま

10）水町義夫編『ドージャー院長の面影』（福岡・西南学院、1934年）、7－8頁。

す。したがって、そうした中で、キリスト教学校、とくに、腕白ざかりの男子を教育する中学校を設立するには、よほどの信念と決意がなければできなかったろうと思われます。

入学志願者は、先生がたの熱意が天に通じてか、118名の志願者があり、その中から105名の合格者を得ました。…けれども、翌年の3月になると、県立学校を志す者が相次いで出るし、2年になった時には、各組とも20数名になってしまいました。せっかく確保した生徒が次々と減っていくことは、まず、教育の対象がせばめられるのと予算に狂いが生じてくるのとで、ドージャー先生にとって非常な苦痛があったと思います。良心的な学校教育には金のかかるものです。…先生は血の汗を流す思いで、祈りに夜を明かされることもたびたびであったのです。

けれども、年を経るごとに、こうした現象は、緩和されてまいりました。それは、先生を中心とするスタッフの真摯な授業態度が、生徒に、自然とキリスト教やキリスト教学校というものに対する理解を深めさせていったからであります。そして、彼らの劣等感が、いつの間にか誇りに近いものとなり、やがて、それが自然と愛校心に変っていったからです。チャペルも有益な時間になるし、勉強やスポーツにも精を出すようになりました。こうして、第1回の卒業生が出た時には、わずか29名になっていましたが、進学状況は極めて良かったし、柔道なども全国大会で名をなすにいたっていました[11)]。

C. K. ドージャーは、経営の労苦と教育の責任を担いながら、伝道者として救霊の祈りに時間を捧げることをやめようとはしなかった。学校の礼拝堂での説教によって回心し、神を信じ、キリストの教えに従っていくことを決心した学生や教師に、バプテスマ式の執行を頼まれた時、彼の心は喜びに満たされた。校庭の近くに広がる海辺に立って祈りを捧げ、海中に全身を浸めるバプテスマを授ける彼は、宣教師としての光栄を感じ、神への讃美にあふれていたに違いない。

ドージャー院長は、心から神を畏れる人格者を、日本の社会へ送り出した

11） 伊藤俊男「創立者ドージャー院長を偲ぶ」『西南学院大学広報』（1971年7月3日号）参照。

いと願っていた。そして、西南学院の基礎づくりと発展のために、精力と情熱を注ぎ込み、1921年（大正10年）２月に西南学院高等学部を設置し、その年の12月には、高等学部神学科の開設に努力を傾けた。高等学部は大学の前身であり、英文科・商科は４年制で、神学科は５年制であった。彼は、西南学院全体がキリストに忠実であることを欲し、この理想実現のために一切の妥協を排し、神の外(ほか)何ものをも恐れず、どこまでもキリストに忠実に生きようとした主義の人、真理をかかげて闘う人であった。ドージャーのこの信仰姿勢は日曜日のクラブ活動禁止となってあらわれた。キリストの復活を記念する日曜日は、C. K. ドージャーにとっては聖なる日であり、礼拝・聖書学習・祈りを重んじ、自分の言動を慎んで己れを清く保つ日であった。信仰の無い学生にとって、それは不可解なことであった。いわゆる「日曜日問題」は、西南学院にとっても、信仰の有無とその姿勢を問われる問題であった。ドージャー院長の信仰から出る主義を理解できず、衝突した経験をもつ藤井泰一郎（西南学院大学文学部教授）氏は次のように当時を回想して述べておられる。

高等学部の学生の頃は、庭球部に関係していたため、しばしば、先生に日曜日の問題について心配をかけたものだった。ある時など、部員があるトーナメントに出場したいと言うので、先生に了解を求めに行ったが、頑として応じて下さらない。日曜日出場そのものは、とても動かすことの出来ぬことを知っていたので、トーナメントは全く個人的な競技であると主張して、遂に、卓を叩かんばかりに先生に向かって議論を吹きかけた。結局、先生の態度は変らなかった…少しも妥協されなかった。そうした場合に、われわれは、何時でも、理づめではどうにもならぬ先生の頑固さを秘かに酷評したものだった。しかし、今にして思えば、それが先生の信仰であり、また、信仰とはそのようなものでなければならぬという事が、その後、自分にも漸く分かってきた…それが分からなかった私のような学生のために、先生はどんなに淋しい思いをされた事だろう[12)]。

12）水町義夫編『ドージャー院長の面影』（福岡・西南学院、1934年）、166頁。

西南学院大学名誉教授・三串一士氏は、当時、西南学院高等学部の学生であっただけに、日曜日問題に関しては、記憶も鮮かに、次のように書いておられる。

> 日曜日（聖日）におけるスポーツ厳禁の問題であるが、現在では一応解決をみて問題がなくなったのであるけれども、この問題ほど、長い間、学生は勿論のこと、学校当局をも苦しめ悩ました問題はない、と言って過言ではなく、今日の学生諸君には、到底想像もできぬことであった。このことは、その頃の高等学部長であった、水町先生の述懐によっても明らかである。「僕は、日曜日問題ほど苦しんだことはない。学生とドージャーさんの間にはさまって、どうすることもできない。決勝戦が日曜日になる時は、神よ、明日は大雨を降らせて下さい、と祈っている位だ」と。
>
> ドージャー先生としては、「西南がミッション・スクールである以上、聖日を厳守するのは当然のことであり、それは、西南の憲法ともいうべき神様からの至上命令である。もし西南が世間と妥協して、聖日を聖日として守らないならば、それは建学の精神を自ら破棄するに等しく、絶対にありうべからざることである。日曜日の対外試合を許すほどであるならば、むしろ、西南を閉鎖する方がましだ」との固い信念であった。先生は断固たる信念の人であり、自らの信ずる聖書の教えと神様に、ひたすら忠実であろうとされたのであり、たとえ全学生が挙って反対しても、いい加減に妥協することなど全く与り知らない人であった。
>
> こういった当時の状況下において、遂に来たるべきものが来たのである。それは、昭和２年の７月、夏季休暇に入ったばかりの時であった。九州における数校のインカレ野球試合において、西南は春日原球場における長崎高商との準決勝に６対１の大勝を収め、五高に勝った福高と決勝戦に臨むことになった。ところが、右(ママ)の準決勝の日が運悪く日曜日であったのである。このことが直ちにドージャー先生の耳に入ったからたまらない。禁を犯した選手全員無期停学処分となり、福高との決勝戦まかりならぬ、もし命に従わねば全員退学処分に附すとの厳達が伝えられたのである。全員切歯扼腕、「この期に及んで試合が止められるか！よし、退学処分になっても俺はやるぞ」と、殆んどの学生が激

> 昂したのであるが、結局マネージャーの意見に従い、全員血涙をのんで決勝戦を断念したのである。…右（ママ）の歴史的事件のほか、他の運動でも幾度か右（ママ）に類する苦衷をなめ、剣道部の如きも、遂に九大との優勝戦を断念せざるをえないこともあったのである。かくして、学生が何時までも泣き寝入りしない限り、院長との正面衝突は早晩避けがたい運命にあった[13]。

高等学部の学生たちの不満が爆発したのは、1928年（昭和３年）２月９日のことである。学生の間に信望が篤かった商科の教授・石渡六三郎氏が免職に処せられたことに対する学生の不満が発火点となり、２月９日の学生大会において、院長の退陣要求が決議された。しかし、それは理事会の認めるところとはならず、理事会の回答は、波多野培根氏を通して、学生に通達され、結局は、学生代表10余名がドージャー院長宅を訪ね、謝罪して事件は落着した。

いかに強い信念の人であったとはいえ、この事件は、C. K. ドージャーにとって、かなりの衝撃であったに違いない。彼は、試練の中で祈り、反省し、神のみ旨を求めた。そして、西南学院が本当に祝福される道は、キリストに忠実である以外にはありえないという思いに帰ってゆくのであった。

彼は、1917年（大正６年）以来、12年にわたって院長の激務に耐えてきた。そして、1927年２月13日に日記に書いた祈りを再び刻むのであった。C. K. ドージャーは、次のような祈りを、その日の日記に書きとめている。

> 天の父よ、これがありのままの私の姿です。あなたは、私たちの心の願いを、ご存知です。私たちが、一生を送る場所として、日本を選びましたのは、決して、安逸を求め、快楽を得るためではありませんでした。私たちは、日本国民のために命を捧げるように、あなたの導きを感じたのでした。日本国民は、何にもましてあなたを必要としています…。神よ、あなたの僕に、あなたのみ心を今お示し下さい。もし、西南（学院）があなたの育成によるものでありませんならば、速やかに私たちの眼を開いて、この学院を閉鎖させて下さ

13）三串一士「痛ましい思い出」『西南学院大学広報』（1974年２月６日号）３頁。

い。もしあなたが育成しておられるものならば、どうぞこれに水を注いで育てて下さい。私たちは、あなたがお喜びにならず、また、祝福して下さらないような事業に、私たちの生涯を捧げようとは、決して思いません。ああ、神よ、あなたの御子イエス・キリストにおいて啓示されたあなたの聖意志(みむね)を、私たちになさしめて下さい[14]。

この祈りは、西南学院に関係する教職員、また、学生が、えりを正して聞かねばならない崇高な祈りであると思う。ここに、「西南学院は、神によって創立されたものであるゆえに、学院の成長・発展を、神のみ旨に従ってなされねばならない」という強い信念が、吐露されている。神によって与えられた使命を遂行するために、全力を投球しつつ、忠実に事に当たり、しかも、自己の栄誉を求めず、ひたすらに神の栄光と神のみ名が崇められんことを願い、神の僕として神のみ旨のみを実行しようとした彼の信仰が、この祈りの中に表現されているのではあるまいか。

西南学院長を辞任する直前のC. K. ドージャー（写真前列中央左　1929年）

14）Yoshio Mizumachi（ed.）, *A Memoir of C. K. Dozier*（Fukuoka: Seinan Gakuin, 1934）, p. 4.

C. K. ドージャーが西南学院の院長を辞任したのは1929年７月10日であった。23年間にわたる日本での伝道と教育事業への献身は、過労と緊張をともない、心臓への負担を増し、その機能を弱めることになってしまったのである。医者は、彼に、責任ある地位から下りて休養につとめることを勧告した。彼は、勧告に従って、院長の座から下りた。院長としての激務から解放されたとは言え、ドージャーは西南学院と西南女学院の理事として留まり、両学院の支柱として働き続けた。1931年10月、小倉に移転して後も、彼は、宣教団の会計係を務め、また、北九州を中心とする諸教会での説教に奉仕し、病床に伏す日まで、福音宣教のためには、敢然として赴くことをやめようとはしなかった。心臓に痛みを感じた1933年３月28日の日記に、彼は、次のように書いている。

> きょう町への往復の間、胸に痛みを感じた。主がどの位長く私を用い給うか分からないが、私は、最後まで主に忠実でありたいと思う。…私は、神が私たちの家庭に、主のご用のために一生を捧げるという美しい献身の決意を固めた２児を賜わったことを、何と感謝したらよいことか…。私たちは、価値の無いものであるが、主が召される時、御前に出られることを嬉しく思う[15]。

C. K. ドージャーが心臓の激しい発作に襲われて入院した1933年の５月、西南学院と女学院の多くの教師と学生たちは、花をたずさえて見舞に訪ね、健康回復のために祈りを合わせた。バプテスト教会の牧師たちは、特別の祈祷を呼びかけ、神がみ心ならば彼の命を長く守らんことを祈り求めた。しかし、主なる神は、天国での事業遂行に、彼のような主に忠実な魂を必要とされたのであろうか、約１週間の絶対安静の後、ドージャーの病状はさらに悪化していった。死の近いことを予感したC. K. ドージャーは、愛する家族たちを呼び寄せて、最後のメッセージを語った。

「私の葬儀はできるだけ質素にして下さい。…私がキリストによって、日本

15） 水町義夫編『ドージャー院長の面影』（福岡・西南学院、1934年）、４頁。

に遣わされ、キリストのために働いて日本で死ぬことは大きな喜びです。…私の生涯は完全ではありませんでしたが、主に忠実であろうと努力してきました。…夢寐の間も忘れることの出来ない西南学院に、キリストに忠実であるように言って下さい（Tell Seinan, to be true to Christ）[16]。」

このように語り終えると、彼の魂は、1933年5月31日、キリストのみもとに召されていった。彼が人生の幕を閉じたのは、54歳である。

告別式は、6月2日、西南女学院講堂で行われ、多くの人々が参列し、故人との別れを惜しんだ。葬儀に列した平島廣海氏は告別式の模様を次のように書いている。

午前10時、先生の御遺骸は先生の遺言にもとづき、バプテスト諸教会の教役者諸師の手によって、先生の私宅から女学院講堂へと女学院生徒整列の中を粛々と運ばれ、荘重なる奏楽裡に講壇に安置された。先生突然の御逝去と早急の葬儀にもかかわらず、会衆は堂に溢れ、いずれも寂として声なく、ただ嗚咽の声を禁じ得ず、秘かに忍び泣く音のみ洩れ聞え、さすがに信仰の戦士の葬いに相応しき雰囲気なるかなと感じられた。

式は、プログラムに従って、すすめられた。生前、先生と最も深き関わりをもち、かつ、信仰の友として久しく聖戦を共にせられしウヮーン教師は、立って、

「親を失ないし子は孤児と言う。夫を失ないし女は寡婦と言う。だが、友を失ないし者は、何と呼ぶか？僕こそ君の手によって葬られんとねがいしに！」と、声涙共に下る言葉を捧げられれば、満場面を背け、顔を覆うて泣く。まことに悲痛哀惜の限りであった。

学院よりは、水町院長、全学院を代表して弔辞を述べられた。先生の御遺児エドウィン・ドージャー氏は、御列席の御老母御夫人（ママ）を代表して、親しく謝辞を述べられ、厳粛の中に盛大なる葬送の式は終った。時に、午後0時30分。

式後、先生の御遺骸は、女学院合唱団の捧ぐる「神共にいましてゆく道を守

16）水町義夫編『ドージャー院長の面影』（福岡・西南学院、1934年）、17頁。

り」の讃美歌に送られ、構内の一隅、松の緑濃かなる所に鄭重に葬られた[17]。

C. K. ドージャーの葬られた墓地の墓石には、日本語で「我は復活（よみがえり）なり、生命（いのち）なり、我を信ずる者は死ぬとも生きん」（ヨハネ11・25）という、主イエスの言葉と、その下に、英語でTo be true to Christというドージャー師の言葉とが刻まれている。

2－2　母／モード B. ドージャーの生涯

エドウィンの母、モード・バーク・ドージャー（Maude Burke Dozier）は、1881年9月18日、ノース・カロライナ州のスティツヴィルで生まれた[18]。彼女の先祖であるエドモンド・バークは、イギリス帝国議会で、しばしば、アメリカ植民地の自由と独立を擁護して、勇敢に演説した、有名な政治家であった[19]。キリストへの徹底した服従を決意したモード・バークは、中国人への宣教師となり、キリストの力により人々を罪の縄目から自由にしたいという願いを胸に秘めていたのであるが、魂の解放のために献身する情熱は、先祖の血筋の現われかもしれない。1903年、メレディス大学を卒業したモードは、宣教師としての道を開くために、サザンバプテスト神学校に入学した。

C. K. ドージャーとの出会い、2人の間に芽生え育った愛情、そして、結婚への道筋は、ケルシィの生涯の中で述べたとおりである。1906年9月27日、日本に宣教師として到着して後、彼女は、勤勉実直な夫が、くつろぎ、また神に仕える力が回復される、家庭づくりに専念した。彼女は、夫の必要なものを良く理解し、彼の講義や説教に有益な書物を注文し、書棚を有用な本で満たすように努力した。そして、夫に相談のため訪れる友人や客人を心よくもてなし、また、個人的・霊的問題の相談相手にもなって、夫を助けた。C. K. ドージャーは彼女ゆえに祝福された憩いの家庭をもつことができたのである。

17）水町義夫編『ドージャー院長の面影』（福岡・西南学院、1934年）、32–33頁。
18）G.Green（comp.）, *Missionary Album*（Richmond: Foreign Mission Board, n. d.）, p. 72.
19）Edwin B. Dozier, “The Last Will and Testament of Edwin Burke Dozier,” n. d.; see also “Burke, Edmund,” *DNB*, III, pp. 345-365.

彼女は、２人の子どもに恵まれた。エドウィンは1908年４月16日、ヘレンは1910年６月10日に生まれた。クリスマスの季節に友人たちに書き送った便りの中で、彼女は、「私が子どもの時、母親の膝の上で覚えた詩篇103篇２–３節、『わがたましいよ、主をほめよ。そのすべてのめぐみを心にとめよ。主はあなたのすべての不義をゆるし、あなたのすべての病をいやす』という御言(みことば)は、私たちにとって心からアーメンと言える言葉です[20]」と書いているが、異国の地に築かれた家庭は、主なる神への絶対服従という信仰によって、豊かに祝福されたものであった。彼女は、家族と共に、朝食時に、讃美歌を歌い祈る時を、心から愛した。そして、２人の子どもたちが主イエスを愛する者となるように、ひたすら祈り続けるのだった。

やがて、エドウィンとヘレンが、イエス・キリストを生涯の主として受け入れ、バプテスマを受けて、福岡バプテスト教会の会員となった時、モードは、心に溢れる喜びを隠そうとはしなかった。ヴァージニアのB. S. ホワイト（Blanche S. White）は、彼女の母としての素晴しさを、次のように述べている。

> モード B. ドージャーは、1906年から1916年に至る多忙の歳月の間、夫を良く助けたばかりでなく、エドウィンとヘレンを献身的な麗わしい心をもった子どもたちに育て上げました。幼ない彼らは、宣教の情熱の中で成長し、その心は、早くから神と日本への献身に向けられていました。母親として、これほど素晴しい教育はないでありましょう。彼女は、敬愛する夫と共に、祈りを合わせて、子どもたちを神に捧げたのです[21]。

モード B. ドージャーは良妻賢母であったばかりでなく、日本におけるバプテスト教会の婦人会活動の良き助言者でもあった。彼女は、バプテストの女性たちが協力して活動できるようにと、「婦人会便覧」を用意した。諸教会の婦人会の協力機関である「バプテスト婦人会同盟」が組織されたのは、1920年11月９–11日である。この組織を生み出すために、宣教師の妻たちが等し

20）モード B. ドージャーから友人たちに宛てた手紙（1957年冬）より。
21）Edwin B. Dozier, *A Golden Milestone in Japan*（Nashville: Broadman Press, 1940), p. 137.

く力を合わせたのであるが、彼女たちの中にあって指導力を発揮したのは、モード B. ドージャーであった。彼女の働きに負うところが多かった婦人会同盟は、日本バプテスト婦人会の成長に大きく寄与したが、モード・バーク自身は、いつもキリストの前に謙遜であるように努め、献身的霊的生活ととりなしの祈りの実践において、婦人会の良き模範となり、主イエスと共に生きることの素晴らしさを、生活の中で証しする人であった。

C. K. ドージャー夫妻（1930年）

1934年、婦人会同盟は、西南学院神学科に若き女性の献身者を受け入れるように、神学科評議員会に要求したのであるが、男女共学は認められず、その結果、新しい教育プランが考慮され、1935年（昭和10年）に、福岡において、女子献身者のために聖書学校女子部が開設された。モード B. ドージャーは、この聖書学校創設のために苦労を惜しまなかった1人である。

1933年にC. K. ドージャーが天に召された後も、彼女の創造的奉仕活動は衰えることはなかった。1940年4月に「西南保姆学院」（西南学院短期大学部児童教育科の前身）が開設されたが、これもモード B. ドージャーの努力に負うところが多かった。この学院は、西日本における唯一の幼稚園あるいは保育園の教師養成機関であったために、幼児教育界への貢献は大なるものがあった。キリスト教主義幼稚園に訓練された教師を送り出すために、モード B. ドージャーが校長となり、また、優れた信仰の持ち主であった福永津義女史が科長となった。そして、２人は力を合わせて、教育と信仰の面で大きな感化を女子学生たちに与え、ここに多くのクリスチャン保育者や牧師の妻が育てられていったのである。モード B. ドージャーは、校長としての要職にありながら、1941年まで、西南学院と聖書学校女子部で教え続けている。

彼女が、多忙の日々の中で、時間をつくってアメリカのバプテスト信者のために、日本のバプテストを紹介する本を書き上げたことも、忘れられてはならないであろう。1940年に、*Strong Hearts of Japan*（『日本の強じんな心』）をブロードマン社から出版し、同じ年に、エリザベス・ワトキンス（Elizabeth Taylor Watkins）と共著で、*Playmates in Japan*（『日本の遊び仲間』）を同社から出版しているが、共に日本紹介に寄与した。

第二次世界大戦の勃発と共に、彼女は、ハワイのホノルルに移り、1951年４月に定年で退職するまで、日本人一世を世話し、彼らの救霊のために活躍した。ハワイでの働きから退く前に、彼女は、友人たちに、1951年２月16日の日付で、次のような手紙を書き送っている。

親愛なる友人へ

10年前（1941年）に、日本における扉は閉されました。未だほの暗い４月の朝に、私は、息子と共に、福岡を離れました。それは、宿命と呼ぶべきものではなく、神様のお導きでありました。なぜなら、ハワイは、福音宣教を待っていたからなのです。

45年前の1906年９月、夫と私は、初めて日本に顔を向けました。1951年の９月に、私は、70歳となり、宣教師活動の最終年齢に達します。私は、４月に、ハワイでの働きから退きますが、素晴しく恵み深い神様は、再び日本に行って、東京の息子家族と一緒に生活することをお許しになりました。

もう一度、日本への扉が開かれました。私は、その開かれた扉から入るために、帰ります。私の残りの生涯を、日本の贖いのために、私の心血を注ぎ出したいと願っています。日本は、大きく変わりました。…私は、罪の夜の中で失われゆく魂に対して、その道筋を照らす灯でありたいと心から祈ります。

私の母が亡くなる前に（1950年8月）、私に訴えるように言いました。「私が天国に行った後に、日本に帰ってゆくのでしょう？」神様がお望みなのですから、私は、1951年3月29日に、横浜へ向けて船出します。

70歳になっても、立ち止まることはできません。「栄えの主イエスの十字架を仰げば」わが魂、わが命、わがすべては、主に献げ尽さねばなりません。わが行く道筋は定かではありませんが、過去の主の最善のお導きを思うと、私の心には恐れはありません。

ハワイの島々において神様がなして下さった数々のことを思うと、心は感謝で溢れます。神の子らのために、主は確かに奇跡を豊かにあらわして下さいました。私は、あなたのために祈り続けます。そして、最後にお願いですが、どうか、私のためにも祈って下さい。神様が私の肉体と魂に力を与えて下さり、死に至るまで主に仕えることができますように[22)]。

モード B.ドージャーは、日本で引退をした。彼女は、息子エドウィン・ドージャーが住んでいた東京の家から近距離のところに小さな家を建てて、そこに落ち着き、恵泉バプテスト教会の忠実な教会員として奉仕した。この東京での期間中に、彼女はC. K. ドージャーの伝記を書いて、*Charles Kelsey Dozier in Japan: A Builder of Schools*（『日本のチャールズ・ケルシィ・ドージャー、学院の創立者』）という題で、ブロードマン社から1953年に出版した。

息子のエドウィン・ドージャーが西南学院大学神学科で実践神学教授として招聘され、1958年に福岡に移転することになった時、彼女も、息子の家族と共に、福岡に移り、同じ屋根の下で一緒に住むようになった[23)]。エドウィン B.ドージャーの便りの中から、福岡におけるモード B.ドージャーの生活を紹介しよう。

22）モード B.ドージャーから友人たちへの手紙（1951年2月16日）より。
23）M. E.ドージャーから筆者への手紙（1970年12月22日）より。

母は、日本人求道者のために書いた原稿の清書を仕上げました（これはヨルダン社から『ふるさとへの道』という題で、1959年に尾崎安訳で出版された）。慰めについてのもう１冊の本を書くことの計画、近隣の人々の救いを求める祈り、そして、庭園の世話は、彼女を相変らず忙しくさせています（1959年の手紙）。

母、ドージャー（78歳）は、著書『ふるさとへの道』が好評であったことを、とても喜んでいます。戦前の婦人連合の歴史に関する素描と、慰めに関する原稿も、完成に向かいつつあります。自宅で開かれている神学生の妻へのクラスには、皆が熱心に出席しています（1960年の手紙）。

母、ドージャーは、80歳の誕生日を祝った後に、日本への宗教的、教育的貢献が認められて、西日本文化賞を授与されました。これは、日本人以外の女性では、初めてのことだそうです。クリスマスの前に、母の書いた『伝道者の妻』（松村あき子訳、ヨルダン社、1961年）が出版された時の、彼女の喜びようと言ったらありませんでした。神学生の妻たちのクラス、もう１冊の本の著述、家に花を絶やさないようにすることなどで、彼女の時間は過ぎてゆきます（1962年の手紙）。

モード B. ドージャーは、1962年の感謝祭の頃から、後頭部の神経痛に悩まされ始めた。そして、1963年の元旦に、つまずいて倒れた拍子に、左大腿（たい）骨と左腕を骨折するという二重の苦しみを負ってしまった。しかし、この苦痛を伴（ともな）う試練の時にあっても、彼女は、非凡な忍耐力と信仰の強さを発揮した。彼女は、整形手術を受け、１か月半の間、入院生活を送ったが、M. E. ドージャーの手厚い看護により、急速に健康を回復した。その後、体調は良好であったが、1964年の11月になると、彼女の健康状態が悪化し、健康回復のためには病院に入院し、訓練された看護師の下で、病院生活を送ることが必要と診断された。そして、医師の勧めに従い、12月13日、テキサス州サンアンジェロのバプテスト記念病院に入院したのである[24]。

1966年１月のE. B. ドージャーによる友人宛の手紙によると、テキサスの

24）E. B. ドージャーから友人たちへの手紙（1964年１月、1965年１月）より。

彼女は、もはや手紙を書くこともできず、健康状態もあまり芳しくないと書いてある。しかし、病院の中で過ごす彼女のもとに、彼女が表彰されるという朗報が届いた。日本における長い年月の教育界・宗教界での優れた功労が高く評価されて、彼女は日本国政府から勲五等に叙せられ、宝冠賞が授与されることになった。賞は、11月23日、福岡県知事からモード B. ドージャーに授与され、彼女の息子、西南学院院長エドウィン・ドージャーが代理人として、それを受けとり、テキサスへと送られた。これは、日本の新聞だけでなく、アメリカ南部バプテスト連盟外国伝道局の機関誌『コミッション』にも「日本国、ドージャー夫人(ママ)を表彰す」という見出しで報道されている[25)]。

モード B. ドージャーは、1972年1月13日、天命を全うして90歳で永眠し、魂は夫の待つ天国へと昇っていった。告別式は、1月17日に、テキサス州で行われたが、日本では、3月5日、西南学院同窓会と西南学院バプテスト教会との共同主催で、記念礼拝が学院教会で行われた。そして、モード B. ドージャーの遺骨は、西南女学院にある「西南の森」に、C. K. ドージャー師と共に埋葬された。

日本のために、夫と共に“その生涯を捧げ尽した”モード B. ドージャーの信仰は、彼女に接した数多くの人々の心に強烈に焼きつけられている。キリストの福音が雪崩の如く日本を覆いつくすことを夢みて、主のために命を捨てることを辞さなかったモード B. ドージャーにならって、異国の民に仕えるために、海外に出てゆく若き日本人女性が立ち上がるのは、いつの日のことであろうか。

2－3　妹／ヘレン・ドージャー

ヘレン・ドージャー（Helen Adelia Dozier）は、1910年6月10日に生まれた。エドウィンより2歳年下の彼女は、幼ない時から聡明そうな瞳と愛らしい微笑を浮かべて、訪れる人々を魅了した。彼女は、可愛らしい妹であったばかりでなく、エドウィンの良き友でもあった。福岡バプテスト教会の執事として、長い間、奉仕された元西南学院大学教授、大村匡氏は、ヘレン・ドー

25）“Japan Honors Mrs Dozier,” *The Commission*, XXX（February, 1967）, p. 31.

ジャーが「人の心に平和をもたらす香り高い花のような人であった」と幼少の頃の印象を語っておられる[26]。

英語で教える学校が福岡にはなかったために、ヘレンは、中学３年まで、母親から家庭教育を受けた。それから、神戸のカナディアン・アカデミーで高等教育を受け、大学に進学する前の１年間、両親と共に休暇の１年をアメリカで過ごした。彼女は、ピアノの練習を愛し、静かな夜に両親が学んでいる間も、よくピアノをひいたが、父ドージャーにとって、ヘレンの奏でる音楽に耳を傾けることは、何よりも楽しみであった。

幼少時のヘレン（写真左）と
エドウィン（1911年）

1933年５月、メレディス大学から文学士号を得て卒業した翌日、ヘレンは心をひき裂く悲しい電報を受け取ったのである。「父31日死す。心臓の病、葬儀は６月２日朝、西南女学院にて[27]」。思いがけない父の死の知らせに、悲しみの涙を流すヘレンのもとに、エリザベス R. マーロー（Elizabeth Rose Marlowe）女史から彼女を慰める詩が届けられた。

お父様が亡くなったと言うことはできません、
また、そのように言ってはなりません、
微笑（ほほえみ）ながら、手を振りながら、
ちょっと外出なさっただけなのです。

未だ知らぬ国に出てゆかれたのですが、

26）大村匡氏から筆者への手紙（1970年11月11日）より。
27）“Precious in the Sight of the Lord,” *Home and Foreign Fields*, September, 1933, p. 21.

さぞかし　楽しい国なのでしょう。
いつまでも帰って来られないんですもの、
私はそう思います。

ね、そうでしょう、お父様は、
愛の国で、神様と一緒におられるのです。
亡くなられたのではなくて、
ちょっと外出なさっているだけなのです[28]。

マーロー女史は、1921–50年まで、中国に宣教師として渡り、中国革命の後、日本に来て、西南女学院で1950–55年まで英語を教えた人である。

ヘレン（写真右）とC. K. ドージャー（1929年）

ヘレン・ドージャーは、1933年9月、女子神学校に入学して宗教教育を専攻し、1935年に修士号を得ると、その年の5月15日に、外国伝道局から日本への宣教師として任命され、日本に赴任した。そして、西南女学院で音楽を教えたのであるが、1936年から2年間、東京に出て日本語学校で日本語を学習した。その間に、彼女は、バプテスト系独立伝道者、ティモシー・ピーチ（Timothy Pietsch）氏と出会い、深く愛し合う仲となり、1938年9月2日に結婚した。それ以来、東京でピーチ氏の良き協力者として日本人伝道にたずさわってきた。彼女は、3男2女の子どもたちに恵まれ、その中の2人は、アメリカで牧師の妻になっている[29]。

28） Elizabeth Rose Marlowe, “He Is Just Away,” *A Memoir of C. K. Dozier,* ed. Mizumachi, p. 28.
29） ヘレン・ピーチ女史から筆者への手紙（1971年1月25日）より。

第Ⅱ章　若き日のエドウィン

1　幼少年時代

エドウィン・ドージャーの幼少年時代の記録は殆んど残存していない。彼の幼少年時代に接したことのある日本人牧師、あるいは、宣教師の多くは老齢に達しており、記憶を正確に復元することは困難である。筆者は、アメリカ留学中に、彼の母、モード B. ドージャーと面談したいと願ったのであるが、彼女はすでに90歳近い高齢に達しており、身体的にも弱く、入院中でもあり、過去を追憶し、思い出を書いていただくことは、実質的に不可能であった。したがって、エドウィン少年の描写は、簡略なものとならざるを得ない。しかし、物言わぬ資料は存在している。それは、彼の幼少年時代の写真アルバムである。このアルバムを見て、ヴァージニア州リッチモンド在住の B. S. ホワイトは、伝道雑誌 *Home and Foreign Fields* の中で次のように述べている。

> アルバムをめくってゆくと、エドウィン・ドージャーの24年間を物語る数々の写真が目に入ってきます。最初のものは、1908年４月16日に日本の長崎で撮ったもので、エドウィンは、父親の腕にしっかりと抱かれています。２番目の撮影は、福岡の宣教師住宅の中でなされています。１つは、妻モード B. ドージャー、エドウィンと、小さな妹ヘレンが讃美歌を歌っている写真であり、もう１つは、夕刻時に、母親の語る物語に目を輝かして聞きいっている子どもたちの姿が撮影されています[1]。

写真は、過去の事実を捕え、その１コマを現在の時の中に鮮やかに甦えらせ、私たちの想像に訴える。

1） Blanche S. White, “Our Best to Japan,” *Home and Foreign Fields*, January, 1933, p. 9.

北九州には、外国人子弟のために英語で教える学校はなかったので、宣教師たちは、子どもたちを自分で教えるという労苦を負わねばならなかった。エドウィン少年は、中学３年の学齢まで、母親の指導の下でカルヴァード式進学コースに従って、自宅学習を続けたのである。エドウィンの少年時代は、子どもたちの求めに喜んで応じる父C. K. ドージャーの語る物語によっても、豊かに彩どられたに違いない。

故熊野清樹牧師は、エドウィンの少年時代を想起して次のように書いている。

「1908年８月１日、私は、東京へ行き、10年間東京の学窓に過ごしたが、休暇で九州に帰省するときは、必ず、福岡のC. K. ドージャー先生のお宅を訪ねた。令妹のヘレンさんと、いつもやさしくニコニコと迎えて下さった少年時代のエドウィンさんの顔が、今でも忘れられない[2)]」。

ケルシィ、ヘレンとともに
（写真前列右　1913年）

大村匡教授は、筆者への手紙の中で、「C. K. ドージャー師が西南学院の院長であった時、エドウィンさんは中学生で、福岡バプテスト教会に出席していました。彼はとても聡明で、妹さんと仲が良かったことが印象として残っています」と思い出を述べて下さった[3)]。

聡明なエドウィン少年は、父親から深く愛されて育った。父ドージャーの愛は、旅路で書かれた息子エドウィンへの手紙の中によく現われている。

お父さんは、愛するエドウィンの誕生日が、親切と思いやりで溢れた、大きな喜びの日であるように祈っています。誕生日の日にエドウィンがいままでお母さんに素直であったように、素直な子としてお母さんを幸せにする日であるように。そして、ヘレンに対してやさしく、思いやりがある日であるように。

2）熊野清樹「E. B. ドージャー師のこと」『キリスト新聞』（1969年７月26日）、４頁。
3）大村匡氏から筆者への手紙（1970年11月11日）より。

次の１年間も、勇敢で正直な少年として、ベストを尽くすという決心をする日であってほしいと思います。お父さんの子であり、お母さんの子であるエドウィンは、いつも清い思いをもってほしい。そして、君の小さな心に、邪悪で汚れた思いを迎え入れないでほしい。なぜなら、悪くて汚い考えは、少年を悪い人にするからです。

エドウィンはしっかりと勉強して、強くて頭の良い子になってほしい。それは、君がおとなになったとき、君の周囲の人々に、祝福をもたらすことができるようになるためです。大きくなって、人々への祝福となるためには、小さい時から、人々を愛し、奉仕するように、自分を訓練しなければなりません。お父さんは、エドウィンが、他人のことを考え、他人を助ける人になってほしいと思います。お父さんは、君がサタンからどんな誘惑をうけても、けっして嘘は言わないで、いつも真実であってほしいのです。そして、偉大な人になってほしいと思います。偉大な人になるためには、他の何者にも増して、イエス様のようになることを学ばねばなりません。エドウィンの誕生日に家から離れていることは悲しいことですが、お父さんは、汽車にゆられながら、君のことを考え、祈っています[4)]。

このような手紙を父親から受けとることができる息子は何と幸せなことであろう。キリストに生涯を捧げた心の清い父をもったエドウィン少年は、キリストにならうことを教えられながら、幸せな少年時代を過ごしたのである。

エドウィンが12歳になった時、宣教師とアメリカ実業家の子弟のための特別伝道集会が、1920年に富士山麓で行われた。日本バプテスト宣教団のJ・フランクリン・レイ（J.Franklin Ray）師が指導に当たったのであるが、その時、エドウィンは神の前に深く罪を悔い改める回心の体験をしている。「福岡での教会生活は、家庭と同じような、いつも変わらないものであったが、今度の集会で、ぼくは救いを必要とする罪人であることが分かって、キリストをぼくの救い主として受け入れた[5)]」と彼は書いている。彼が福岡バプテスト教会でバプテスマ（浸礼）を受けたのは、1920年９月12日のことであった。

4）C. K. ドージャーからエドウィン・ドージャーへの手紙（年月不明）より。
5）Robert P. Dawney, *Missionary Friends*（Salem, Virginia: n. n., 1947）, pp. 19-21.

2　高等学校時代

エドウィンの両親が1921年８月から翌年の８月までの１年間、休暇でアメリカに帰った時、彼はジョージア州のゲインズヴィルで１年間の高校生活を送り、日本に戻ってからは、神戸のカナディアン・アカデミーに入学した。外国人子弟のための高校に通学しながら、エドウィンは、バスケットボール部やボーイスカウトに参加し、また、学生会の会長になったりして、思春期の日々を過ごした。高校時代に両親に宛てた手紙が残っているが、その中で彼は次のように書いている。

愛するお母さま、お父さま、

きょうは日曜ですが、ぼくは黄疸による軽い痛みのためベッドで休んでいました。…ぼくは、初めてホームシックの感情に捕われました。ぼくは、家で、食べていたような、もっとおいしい食事に飢えています。…お母さんの作るあの甘美なケーキに対して、心からの感謝の念を抱かざるを得ません。ぼくは、スゥィート・ホームを恋しく思います。ぼくがベッドの中でどんな気持ちでいるか想像ができるでしょうか[6)]。…

敬愛するお母さま、

お母さんの誕生日に一緒にお祝いすることができず、ごめんなさい。この日が、数々の思い出深い誕生日の中で、最も素敵な日でありますように。どうか、働きすぎて病気になるようなことがないようにして下さい。お母さんが病気になりますと、離れた学校でぼくは、みじめな気持ちになりますから…。ぼくは先生たちと何の問題も起こしていませんからご安心下さい[7)]。

エドウィンはいつも母親の誕生日を覚えて、カードや手紙、また、贈り物を送ることを忘れることがなかった。母親への感謝の便りは、彼が1969年に死ぬまで続いたのである。彼は、終生の母親思いの息子であった。

6）エドウィン・ドージャーから両親への手紙（1923年２月25日）より。
7）エドウィン・ドージャーから両親への手紙（1923年９月17日）より。

1924年の感謝祭に当たる週末休暇は、エドウィン・ドージャーの生涯で忘れられない意義深い日となった。なぜなら、その日に彼が日本で働く宣教師となる決心をしたからである。写真アルバムに、彼自身が書いた言葉が、その時の模様を次のように語っている。

家族とともに（1922年）

> 日曜の午後、父・母・妹、そして、私は、福岡郊外の山に登った。美しく紅葉した楓、群生する竹の緑、小金なす稲穂の波、夕陽の輝き、それらを神の創造の確かなしるしとして凝視していると、私たちの心は感動で満たされた。しかし、感動も束の間に、巡礼衣裳を身にまとった80位の老婦人の姿が目に映ったのである。彼女は見るからにやつれ、疲れていた。しわの多い顔に、人生の悲哀がありありと現われていた。彼女は死を前にして、寺社巡礼の旅に出たのであろうか。老婦人は、神社に向かい、ひざまずき、荒れ果てた神社の内側にある恐ろしい形相で沈黙を続ける青銅の像に向かって、魂をしぼり出すようにして祈りはじめたのである。…祈りが終って立ち上がると、彼女は子牛の像のところへと向かった。そして、子牛の目をなでては、自分の目に手のひらを当てがい、目の病気を癒そうと努めているかのようであった。そして、方向を変えて、他の社に向かい、「知られざる神」に祈りを捧げはじめた。私は、アテネで知られざる神を拝む人々に宣教した使徒パウロのことを思って、老婦人に語りかけようかと思ったが、できなかった。しかし、私は、心の中で深く決心した。もし神が私に力を与えて下さるならば、太陽の昇る国（日本）に住む人々に、私の生涯を捧げようと[8]。

8）本人のアルバムより。

エドウィンの文才は、高校時代から現われはじめた。秀でた表現能力は、母親ゆずりなのであろうか。両親に宛てた手紙の中で、彼はハムレットのセリフに似た詩を書いている。

男であるか、そうでないかは、
自己に対する偉大な挑戦だ。
「おれはやるぞ」と言う者に、
高貴な使命を神は与える。

男であろうとすることは、
砂漠の中での骨折よりも、
他の惑星にでかけるよりも、
諸国を支配することよりも、
一層高貴なことなのだ。

男であるか、そうでないか、
神よ、あなたに捧げる私の祈りは、
あなたのみそばに仕えつつ、
男の中の男となることです[9]。

エドウィンは、1926年（大正15年）6月、野球チームの名投手としての記念賞を授与されて、カナディアン・アカデミーを卒業した。その時、彼の手元に、父親からの手紙が寄せられた。「エドウィン、高校卒業おめでとう。これから続く大学での生活には、厳しい学びと命の充実する日々が待っています。しかし、もしキリストが君の友であるならば、君はいつも幸福でいることができることを忘れないように。キリストのそばにいつも留まりなさい。そうすれば、キリストは君の生涯を真の成功へと導いて下さるでしょう[10]」。

9）エドウィン・ドージャーから両親への手紙（1925年1月20日）より。
10）C. K. ドージャーから E. B. ドージャーへの手紙（1926年6月13日）より。

3　大学時代

1926年８月、エドウィン・ドージャーは、アメリカのノース・カロライナ州、ウェイクフォレスト大学で学ぶために、日本を発ってアメリカに向かった。船上で、彼は、両親に宛てて、次のような手紙を書いている。「船の航路が終りに近づいていることを、嬉しく思います。かなり温和な航海でしたが、少し疲れました。もちろん、時折、船が大きく揺れる悪天候に見舞われたことがありましたが、今のところすべて順調です[11]」。バンクーバーの港に着くと、彼は汽車に乗って、アトランタ経由でノース・カロライナ州へと向かった。

大学の入学手続きを完了すると、エドウィンの学びと活動のすべては、「優れた宣教師となる備えをするという目的をもった[12]」。エドウィンは、大学宗教主事に、「宣教師志願が大学における勉学の内容と方向を決定した」と述べている。異国の地において、神の僕として人々に仕えたいという願いは、彼の出会う女性の中から選ぶ伴侶の決定にも影響を与えた。彼は、宣教師の伴侶となるに適わしい信仰と情熱を宿した女性を、祈りの中で求めた。神は、エドウィンを祝福し、願いどおりの魅力ある女性との出会いを与えられた。そして、大学時代にエドウィン・ドージャーの青春の花が、大きく開いたのである。

3－1　エドウィンの学生活動

エドウィンの大学での学びは、1926年９月に始まる。勤勉に学業に励みながらも、彼は、学生奉仕活動や名誉学生会活動で、多忙な日々を過ごしている。1927年３月13日の両親に宛てた手紙の中で、彼は、次のように報告している。

> 私は、いつもと変わらず忙しくしています。州の学生奉仕活動の書記をしていますので、書くことに追われています。昨日は、事務的な手紙を６通も書き

11）E. B. ドージャーから両親への手紙（1926年８月）より。
12）Robert P. Dawney, *Missionary Friends*（Salem, Virginia: n. n., 1947）, pp. 20.

ました。学生会の仕事も面白く、最近は、特に、それを感じます。…今週2つのテストがあり、幾何学で100点をとりました。恐らく代数も100点でしょう。ギリシャ語はそんなにうまくゆきませんが…。

妻メアリ・エレンは、当時を回想して、「大学時代に彼がなした注目すべき働きは、ノース・カロライナ州の学生奉仕連合の会長を1年務めたこと、大学の年報“The Howler”の編集をしたこと、そして、名誉学生会の活動に、励んだことです[13]」と述べている。名誉学生会とは、人格的にも、成績の面でも優れており、学内外における活動が高く評価されて、学内で選出された学生のことであり、選ばれた学生たちは名誉学生会を組織し、学内の改善のために尽したのである。エドウィンが2年生になった時、学年でただ1人、名誉学生に選ばれている。

このような活動と勉学に追われたエドウィンは、両親を覚えて手紙を書くことを怠ってしまった。彼の父C. K. ドージャーは、わが子のために毎日祈りを捧げていたが、あまりにも長い間便りがないので心配になり、ゲインズ(Gaines)学長とバグビー(Bagby)博士に、エドウィンの安否を尋ねている[14]。2人はすでに教務課のアーンショー(Earnshaw)氏に頼んで、エドウィンの成績や彼の学内での活動状況をC. K. ドージャーに報告するように求めた。その報告書を読んだ後、C. K. ドージャーは、エドウィンに次のように書いている。

先週、わたしたちは、アーンショー氏からあなたの成績表を受け取りました。そして、殆んどの科目で良い成績をとっているのを知って嬉しく思いました。…アーンショー氏は、あなたが手紙を書いていないことを驚いていましたが、あなたが非常に多くのことをしているからだろうと説明しておりました。彼は、いつでも人を助ける用意のできているあなたのこと、そして、あなたを知る人々から高く評価されていることなど書いてくれましたが、多くのことに手を出しすぎるようだ、とも書いていました。多くの経験を積んでいるこのよ

---

13) M. E. ドージャーから筆者への手紙(1970年11月2日)より。
14) M. E. ドージャーから筆者への手紙(1970年11月2日)より。

うな人からの警告には、耳を傾けたほうがよいと思います[15]。

エドウィンが3年生になった時、英文学教授の助手になってくれるように頼まれたことを両親に報告している。

先週のことでしたが、英文学のクイゼンベリー（Quisenberry）博士が訪ねてこられました。そして、テストの採点を手伝ってくれるように頼まれました。いつかそのような仕事をしたいという夢はありましたが、自分から助手の仕事に応募したことはありませんでした。しかし、博士が来て頼むのですから、喜んで引き受けました。私は間違っていたかもしれませんが…。先週の木曜日以来、58枚の採点をし、今週の土曜日には、やり終えました。骨の折れる仕事です。しかし、興味深く、自分にとっての良き訓練の場となると思います[16]。

エドウィンの大学生活がバラ色に輝き出したのは、ノース・カロライナ出身のメアリ・エレン・ワィリー（Mary Ellen Wiley）と相思相愛の仲になってからである。エドウィンのメアリ・エレンへの思慕が両親への手紙を忘れさせる一因となったのかもしれない。彼が彼女と出会ったのは、大学2年目の夏のことであった。

3－2　恋人、メアリ・エレン

メアリ・エレン・ワィリーは、1907年8月16日、ノース・カロライナ州のモンローから10マイルほど離れたユニオンヴィルで生まれた。両親の名はマーヴィン・セオドア（Marvin Theodore）とフローレンス・ロング・ワィリー（Florence Long Wiley）。母方の祖父は、ユニオン郡の中心人物であり、父方の祖父はノース・カロライナ州を舞台に活躍したメソジスト教会の牧師であった[17]。エドウィン・ドージャーが息子や娘に書いた遺言には、「あなたがたの

15）C. K. ドージャーから E. B. ドージャーへの手紙（1927年10月30日）より。
16）E. B. ドージャーから両親への手紙（1928年10月3日）より。
17）Blanche S. White, "Our Best to Japan," *Home and Foreign Fields*, January, 1933, p. 9. ; see also G. Green（comp.）, *Missionary Album*, p. 72. p. 9.

お母さんの先祖を過去にさかのぼってゆきますと、アメリカ合衆国の偉大な大統領の１人、ジェームス・ノックス・ポーク（James Knox Polk, 第11代大統領）に至ります。ポークの血筋をさらに過去にさかのぼりますと、スコットランドの優れた説教者であり、燃えるような宗教改革者であったジョン・ノックス（John Knox）にまで至るのです」と記されている[18)]。

メアリ・エレンの家族は皆熱心なクリスチャンで、家から約３マイル離れたホープウェルの教会で、日曜毎の礼拝を欠かすことはなかった。メアリ・エレンと３人の兄たちは、幼ない時から信仰篤い両親の下で宗教的訓練を受けて成長したのである。彼らは、主なる神に献身的に仕えることの大切さを教えられ、良い本を読むように励まされた。家族のための本棚には、キリスト教の書物が並べられており、家族だんらんの場所には、いつも子どもたちが読めるように、キリスト教月刊誌が置いてあった。

13歳になったとき、メアリ・エレンはホープウェル教会の牧師、M. O. L. プレスラー（M. O. L. Preslar）牧師の指導の下で、神のみ旨に従って自分の生涯をキリストに明け渡す決心をした。その秋、ウィンゲイト・バプテスト高等学校に入学すると、彼女は学内の宗教活動に積極的に参加しはじめた。彼女は献身決意をした後、神が自分を異国での奉仕に導いておられるように感じた。そして、1922年にハイポイントで行われたキリスト教修養会に出席した時、公けに宣教師になる決意を表明したのである。

ウィンゲイト短大に進学すると、彼女は、大学のY. W. A.（Young Women's Association）の会長となり、バプテスト学生会の書記となって活躍した。短大での学びを1926年に終えると、メアリ・エレンは、ケンタッキー州ルイヴィルにある女子神学校に入学した。神学校での学びの傍ら、夏休みにノース・カロライナ州のウェイクフォレスト大学の夏期講座をとって、学びを深めようとしていたのである。この夏に、神の摂理的導きにより、彼女はエドウィン B. ドージャーと出会ったのであった[19)]。

18）Edwin B. Dozier, "The Last Will and Testament of Edwin Burke Dozier," n. d.
19）Blanche S. White, "Our Best to Japan," *Home and Foreign Fields*, January, 1933, pp. 9-10.

３－３　恋愛の花

エドウィンが両親に宛てた手紙の中で、メアリ・エレンについて初めて述べるのは、1928年９月17日のことである。

もう何か月もお父さんとお母さんに手紙を書いていないように思いますが、それはお２人にとって１年の長さに思われたかもしれません。なぜ人の心をかくも悲しませることを平気で許してしまったのか、自分でも分かりません。人の心を傷つけることは、私の本意ではありません。

きよう、はじめてお伝えしたいことは、メアリ・エレン・ワィリーのことです。彼女は素晴らしい女性です。私は、深い恋に陥りました。同封した写真に、彼女が写っています。彼女は女子神学校の学生ですが、神様は彼女の中に生きています。彼女は、美と真実を私が学ぶために、私のところへ連れてこられたのだと思います。私は、彼女の家に１週間滞在しましたが、ミセス・ワィリーは愛すべき母親でした。彼女の家族は心の清い人々で、キリストと共に日々を生きています。メアリ・エレンは、神の国建設について語ることを好み、まじめさの中に楽しさに溢れている彼女のような女性に、いまだかつて出会ったことがありません。何人かの女性に会ったことがありますが、メアリ・エレンのように内容の深い話のできる人はいませんでした。はじめからこんなことを書いてお笑いになるかもしれません。しかし、私が親愛なる心の友を得たことを、私と共に喜んで下さい[20]…。

エドウィンは、２週間後に、また両親に手紙を書き、メアリ・エレンへの愛を、次のように述べている。

彼女は疑いもなく、私の会った女性の中で、最も献身的な女性です。彼女は浅薄な人ではなく、深みがあり、しんの強さをもっています。彼女の中には、何か可能性が秘められています。私は、今まで親密なガール・フレンドを選ぶのに慎重でした。…私が今もっている彼女に対する今の深い愛情は、過ぎ去る

20）E. B. ドージャーから両親への手紙（1928年９月17日）より。

ことのない感情だと思います。ヒリアン・シャイブリー（Hillian Shiveley）との愛は、ただ一時的なものでした。ヘレン・ソーントン（Helen Thornton）に対する憧れは、ヒリアンより深いものでしたが、メアリ・エレンに対する愛のように、真実なものではありませんでした。このことを書きますのは、以前よりも強い確信をもっているからなのです。メアリ・エレンとのこのような友愛に結ばれていても、神は私たちの心に大切な場所を占めています。神のみ心が、私たちの愛においても、最も大切なことなのです。たとい神が私たちを引き裂かれるとしても、神の導かれることに私たちは従います。

そのような友情と交わりこそ、神の賜物ではないでしょうか。私たちは、語ること、考えること、そして、書くことに、誠実であるように努力しています。私がメアリ・エレンに手紙を書く前に、いつも神に祈りを捧げます。祈りは、真実に願う心から発する時、効力を発揮します。私が彼女への手紙に夢中になっていることを、笑われるかもしれませんが、私はやめることができないのです。…私は知ってほしいのです。私たちが共通の理解をもっている真の友人であることを[21]…。

1929年に女子神学校を卒業したメアリ・エレンは、ミシシッピー大学で学びを続ける奨学資金を与えられ、バプテスト学生会の書記としてパートタイムの仕事をしながら勉学に励み、1930年に文学士号を得て卒業した。一方、エドウィンは、4学年の課程を3年間で終了し、さらに、夏期講座の単位を加算して、文学修士を得て、1929年の春、ウェイクフォレスト大学を卒業した。そして、彼は、25年前に父親が受けたのと同じ教会で、福音伝道師としての按手礼を受けたのである[22]。

按手礼を受けたエドウィン（写真右）と
C. K. ドージャー（1929年）

21）E. B. ドージャーから両親への手紙（1928年10月3日）より。
22）Blanche S. White, “Our Best to Japan,” *Home and Foreign Fields*, January, 1933, pp. 9-10.

4　神学校時代と結婚

エドウィンは、1929年９月、サザンバプテスト神学校に入学した。エドウィンのアルバム帳には、クィル・クラブの一員として、資料の編集のために机に向かっている姿や、ルイヴィル市内の学校で海外伝道に関する特別学習のクラスで教えている姿、神学校附属診療所で働いている姿が見られる。エドウィンが、３年間、神学校で学んでいる間、メアリ・エレンは、ミシシッピー大学を卒業し、ノース・カロライナ州のウェストワースの中学校で英語を教えた。翌年には、同じ州のコーヴクリークの中学校で英語を教えている[23)]。後に、日本で発揮された彼女の優れた教授方法と指導能力は、この２年の間に養われ、磨かれたのであろう。

ある年の、クリスマスが近づいている日のことである。冬期休暇となり、愛するメアリ・エレンと会うことを心から願いながらも、エドウィンは、旅費の全部を、海外伝道のためにクリスマス献金として捧げてしまったことがあった。このエピソードは、エドウィンの強い克己心と高い霊性、そして、外国伝道に対する関心と情熱を物語っている。

神学校での最終学年が終りに近づき、期末テストを終えたエドウィンは、ノース・カロライナ州のモンローに待っているメアリ・エレンの所へ飛んでいった。そして、1932年４月30日、彼は、５年間の恋を実らせて、ウィンゲート・バプテスト教会でメアリ・エレンと結婚式を挙げたのである。式は、メアリ・エレンの叔父、サム・ロング牧師によって司式され、進行していった。プログラムの中で、彼女の恩師 C. C. バリス（C. C. Burries）教授は、声高らかに２人への祝福をこめて、

聞けや愛の言葉を、もろ国人（くにびと）らの
罪とがを除く　主のみことばを、
主のみことばを。
やがて時は来たらん、神のみ光（ひかり）の

23） Blanche S. White, “Our Best to Japan,” *Home and Foreign Fields*, January, 1933, pp. 9-10.

あまねく世をてらす　あしたは来たらん。

と歌った。花嫁は、ブーケの代わりに、絹繻子で包んだ聖書を持ったのであるが、それは、異国の地で聖書の教えに服従しようと決心した宣教師志願の心意気と強い信仰を示していた。

結婚式が終了すると、２人はルイヴィルへ帰り、神学校の卒業式に出席した。神学修士号を授与されて卒業したエドウィンは、メアリ・エレンと共に、ノース・カロライナ州の日曜学校部主催による夏期学校の教師として働き、日本に宣教師として赴任する道が開かれるようにと、心を合わせて祈るのであった。アメリカでは、この年に、世界大恐慌という不景気の嵐が、全国に吹き荒れ始めていた。外国伝道局も、その影響を受けて、宣教師志願者をただちに海外に送り出せない財政的窮乏に追いこまれていたのである。やむを得ず、メアリ・エレンは、ノース・カロライナのユーブクリーク高等学校で教える仕事を獲得したが、１月(ひと)ほどして、ヴァージニア州の婦人連合から、心踊る通知が届けられた。手紙には、彼女が宣教師として日本に行くことを欲するならば、日本への旅費と１年間の日本での滞在費を支給する基金が備えられた、と書かれていたのである[24)]。

1932年11月５日、エドウィンとメアリ・エレンは、ヴァンクーバーの港を発って、日本へと向かった。エドウィン・ドージャーは、日本で宣教師として働いている両親が待っているゆえに、日本へと赴いたのではない。優れた訓練を受けたゆえに、日本に向かったのでもない。アメリカの文化や、より高度の経済生活を紹介するためでもなかった。戦争の発生を防ぐために、民族を越えた国際的友情を樹立する目的で日本に急いだのでもない。彼が日本に赴いたのは、宣教師として、キリストの愛の鼓動に応えて、心から日本人を愛し、キリストの素晴らしい愛を伝えるという、唯一の目的を果たすために、神から選ばれ、神から遣わされて、日本へと向かったのである。

24）Blanche S. White, “Our Best to Japan,” *Home and Foreign Fields*, January, 1933, pp. 9-10.

第Ⅲ章　宣教師としての働き

1　第二次世界大戦以前

エドウィン・ドージャーが妻メアリ・エレンと共に日本の土を踏んだのは、1932年（昭和７年）12月のことである。彼は、幼少年時代に住みなれた福岡に住み、父C. K. ドージャーが創立した西南学院で英語を教えることになった。エドウィンとメアリ・エレンは、日本バプテスト宣教団に属する唯一の若いカップルであった。しかし、エドウィンの前途を照らしていた希望の太陽は、突如暗雲の中に隠されてしまった。悲しいことに、日本に赴任して半年ほどして、愛する父親は心臓マヒで倒れ、天に召されてしまったのである。それでも、エドウィンは、悲痛の中から敢然として立ち上がり、父の祈りに応え、その精神を継承して生きてゆくことを固く決心した。そして、彼は、神の前に誠実と愛を重んじて生きる人間であろうと欲した。西南学院で教える教育者として、彼は、成功すること以上に、大切なものを明確に意識して生きはじめた。それは、他のすべての道に優先して、建設的かつ創造的愛の道に生きることであった。西南学院創立の理念の根底には、教会・地域社会・国家・世界に奉仕する有能な人材を育成し、訓練し、送り出すという使命が存在した。この西南学院の使命こそ、教育者ドージャーにとって、絶え間なく心に迫る明訓であり、心の指針であった[1)]。1933年７月、ドージャーと彼の妻は、外国伝道局から、正式に宣教師として任命された。

1－1　エドウィンを取り囲む日本の状況

エドウィン・ドージャーが25歳の若さで日本における宣教師として正式に認められた1933年は、けっして平穏な年ではなかった。日本は、激動する世

1）M. E. ドージャーの西南学院大学での講演「エドウィン B. ドージャーの人生と教育観について」（1970年５月９日）参照。

教壇に立つエドウィン（1935年ごろ）

界の中で、かじを失ないかけた船のように揺れ動いていた。第一次世界大戦後の1920年代には、国際連盟が創設され、国際主義と民主主義思想の波が世界に波及し、自由と独立を求める民族運動が、世界各地に起こっていた。日本においては、1920年代には、普通選挙が実施され、政党を中心とする議会と民主主義を求める声が強くなっていった。

しかし、1930年代になると一転して、アメリカの世界大恐慌に始まる世界的不景気の波が押し寄せ、深刻な経済不況が世界を覆ったのである。そのような不安定な国際環境の中で、軍国主義的独裁政治の台頭が、ドイツ・イタリア・日本において顕著になってきた。日本においては、満州及び中国に進攻しなければ、日本国民の生活を安定させ、不景気から脱却する道がないという危険な考えが、軍部や右翼団体によって主張されはじめた。不安にむしばまれた国民感情は、国家の進路を誤らせる侵略的思想に対して無分別になりやすく、大陸侵略に対する共鳴者が多く国民の中に現われはじめた。やがて、不景気、失業、生活苦に悩む国民の不満を外に向けさせるために、「満州は日本の生命線である」という言葉が宣伝され、1931年（昭和6年）、軍部によって仕掛けられた満州事変が勃発したのである。そして、またたく間に、満州全土は、日本軍によって占領されてしまった。中国からの提訴に応じて、国際連盟は、調査団を派遣し、その結果、日本軍の満州からの撤兵を勧告した。しかし、日本は、勧告を拒否し、1933年に国際連盟から脱退し、さらに、1937年には、日独伊防共協定を結び、軍国主義的傾向は、一段と強められていった。この年に、中国において抗日民族統一戦線が組織され、北京近くでの日本軍と中国軍との軍事的衝突が生じると、宣戦布告のない日中戦争が始まり、それ以後、日本は長期戦の深みに落ちこんでいったのである。

このような日本の状況下では、キリスト教の宣教活動は困難を極め、その実りは、あまり期待できなかった。統計を見ると、1930年から教会における会員数の増加は見られなくなる。1927年から32年までの5年間に、プロテスタント教会は、約350人の宣教師を失なっている[2)]。その結果、長い間、宣教師によって担われていた実務的責任を、日本人牧師たちが担いはじめた。日本における南部バプテストの舞台においても、例外ではなかった。宣教事業の管理推進の責任は、宣教団からバプテスト西部組合へと移されていった。1933年は、その転換点とも言うべき年なのである。責任の移譲は、バプテスト宣教開始以来40年の間に、優れた指導能力をもつ日本人牧師が育成されてきたことを意味する。それと同時に、日本における開拓期の宣教を担った優れた宣教師たち、即ち、E. N. ウヮーン（Ernest Nathan Walne）、W. H. クラーク、J. H. ロウ、G. W. ボールディン、C. K. ドージャーなどが、召天あるいは定年間近などの理由により、責任ある実務を遂行できなくなっており、また、やがて、日本を去ってゆかねばならぬことを予感していた。

1937年の日中戦争勃発以降は、日本は悲劇的崩壊の一途をたどってゆくのであるが、そのような暗雲うずまく歴史的潮流の中で、エドウィン・ドージャーは、どのような行動をしたのであろうか。

1－2　明治天皇御製の研究

日本における宣教師として、エドウィンが過ごした初めの8年間は、主として、日本人学生への英語教育と日本人研究に費やされた。日本人の研究は、具体的には、明治天皇の御製研究となって現われた。エドウィンは、高貴な

2）J. W. Crawley, "East Asia," *Advanced: A History of Southern Baptist Foreign Missions*, ed. B. J. Caution (Nashville: Broadman Press, 1970), p. 96.

高等学部の学生らとともに（前列中央がエドウィン　1936年）

精神と則天去私の心に富んでおられた明治天皇に深い関心を抱き、天皇の詠まれた和歌の英訳に励み、アメリカに紹介しようとした。和歌に対する興味は、高校生時代に神戸のカナディアン・アカデミーで、日本文学を学んだ時に既に植えつけられていたのであるが、明治天皇の御製英訳に心を砕いている間に、エドウィンは、明治天皇の神観に深い感銘を覚えた。ドージャーの研究によると、明治天皇はキリスト教の神と似た性格をもった神を信じておられたというのである。天皇の神は、日本国に深い関心を示し、国を守護し、国民との交わりをも可能とする神であった。しかも、永遠・全能、また、聖なる神であった[3)]。彼の研究は認められて、1938年1月9日、福岡のJOLK放送局から、「御製を通じて拝したる明治天皇の大御心（おおみこころ）」と題して、放送する機会が与えられ、彼はその責任を流暢な日本語で果たした[4)]。

明治天皇の御製研究とその英訳は、アメリカ人に日本の偉大な精神を紹介するためであったが、エドウィン・ドージャーは、日本人の真実の精神が、

3）M. E. ドージャー所有のエドウィンによる研究ノート“明治天皇の御製における神観について”（1938年1月）参照。

4）峯崎康忠編『日本バプテスト連盟史（1889–1959年）』（東京・ヨルダン社、1959年）、478頁。

明治天皇の詠まれた御製の中に象徴的に表現されていると考え、４年間に300首以上の御製を英訳した[5]。ここに、英訳された御製１首を紹介しよう[6]。

See you cloudless sky!
How clear, how broad the expanse,
Azure blue it lies!
May such high virtures enhance
My heart, till I will advance!
（あさみどり　澄み渡りたる大空の　広きを　おのが　心ともがな）

エドウィン・ドージャーは、日本を愛した。キリストにあって、日本を愛すれば愛するほど、日本が近視眼的国家主義と偏狭な国粋主義にむしばまれてゆく危機を感じて心を痛めた。彼は、国家主義と神道との密接なつながりを感じ、神道における天皇の重要な位置を知った。ドージャーは、明治天皇の孫に当たる昭和の天皇が、軍部の力によって、あやつられていく危険を洞察していた。それゆえに、ドージャーは、明治天皇が常に平和を求め、正義・愛・謙遜・大らかな心に生きることによって、国家の柱となり、その進路を誤らせないように努められたことを、ラジオ放送を通して語り、軍国主義的傾向を強めていった政府と、無分別にひきずられていった日本国民に対して、目を大きく開き、世界の大勢を見据えて、日本の進路を誤らせないでほしいと訴えたかったのが、彼の本心であったと思われる。

1937年、日中戦争が始まると、国家的緊張感が次第に高まっていった。それと共に、スパイに対する猜疑（さいぎ）心が病的に国民の心を捕えはじめた。そして、すべての外国人はスパイ活動に参与しているのではないかと疑われ、1940年の夏には、それまで宣教師が保有していたすべての指導的地位と役割は、日本人に移譲すべしと政府から命じられ、アメリカ合衆国が第二次世界大戦に参戦するまでには、すべての宣教師は自国に帰るように、日本政府から命令された[7]。

５）M. E. ドージャー所有の未出版ノート「明治天皇御製の翻訳」参照。
６）M. E. ドージャー所有の未出版ノート「明治天皇御製の翻訳」参照。
７）Edwin B. Dozier, *Japan's New Day*（Nashville: Broadman Press, 1949), p. 10.

長女サラをあやすエドウィン夫妻（1938年ごろ）

2　第二次世界大戦中

アメリカが世界大戦に参戦する前に、妻M. E. ドージャーは、２人の子どもたちと一緒に、日本を離れ、アメリカに帰国した。E. B. ドージャーと彼の母モード B. ドージャーは、しばらくの間、日本に留まっていたが、本国帰還命令を受けて日本を去らねばならなかった。その時の状況を元西南学院院長、水町義夫氏は次のように語っておられる。

日米関係が悪くなるにつれて、学院の立場が不利になったのは申すまでもありません。配属将校との交渉、年毎の、後には、年２回の査閲などは、深い苦心の種でありました。ある年の査閲では、到着するや否や、わたくしを面罵して、配属将校を引上げさせると、どなった査閲官もありました。…そして、聖書をやめ、キリスト教の標札を下ろせとも言われました。愛国団の西南学院撲滅運動もありました。そういう騒然たる中に、ドージャー一家の方々、その他の米人教師は、引きあげられました。わたくしは、(E. B. ドージャー師とモード B. ドージャーと) 一緒に博多を出発しましたが、いつの間にか憲兵が同行しております。小倉で下車し、自動車で女学院の先生のお墓に最後の告別を告げるために墓参りに出かけますと、その自動車にも、いつの間にか、憲兵が同乗しているのです。モード B. ドージャーは、先生の墓石を抱き、泥にまみれて泣きながら別れの言葉を告げておられます。それを、憲兵は冷然たる態度で、むしろ、憎々しげににらんでおります。わたくしは、その様子を見て、武士道は地に落ちたるかなと思いました[8)]。

ドージャー母子 (E. B. ドージャーとモード B. ドージャー) は、日本を去って、1941年4月に、ハワイのホノルルに到着した。妻M. E. ドージャーと子どもたちがアメリカ本土からハワイにやってきたのは、5月24日のことである。こうして、彼らが新しい住居に落ち着くと、すぐに、愛する日本人を助け、彼らの救霊のために尽したいという考えが燃え立った。

2－1　ハワイの日本人伝道 (1941－43年)

ドージャー一家が心を合わせて祈っている間に、英語を上手に語れないで肩身の狭い思いをしている日本人一世のために福音を語ることが、彼らの使命であることが確認された。そして、彼らは、創造的に宣教活動を開始したのである。彼らは、まず、ホノルルのオリベット・バプテスト教会に日本語部を開設し、日本語しか分からない日本人のために礼拝を始め、エドウィン・ドージャーは、小さな会衆の牧師となった。彼の母と妻は、聖書を教える教師として彼を助けた。彼らの意欲的な伝道活動の様子を、メアリ・エレンは、手紙で次のように書いている。

私たちがここに来て2か月になりますが、キリストを語る機会に恵まれ、15人の日本人がバプテスマを受けて、教会員になりました。これは、神が生きて働き給うことの証拠です。…私たちは訪問し、教え、宣教していますが、神と

8) 伊藤俊男「創業と守成」『西南学院大学広報』(1970年7月3日号)、2頁。

の近い交わりを保つことの大切さを感じています。主のために証しすることにおいて、誠実であり続けることができるようにお祈り下さい[9)]。

エドウィン・ドージャーは、1941年の夏の間に、ハワイの他の島々に伝道する可能性を調査するために、10日の旅に出かけた。その旅から帰ると、彼は、ワヒアワに、もう１つの日本語で語る聖書集会を始めた。日本バプテスト連盟の婦人部機関誌『世の光』に、当時のことを回想して斎藤いつ子さん（現在は西川姓）は、「戦争初期における E. B. ドージャー師の働きはめざましく、日本人を彼の流暢な日本語で驚嘆させておられました[10)]」と述べている。

1941年12月７日、ハワイの真珠湾に停泊していたアメリカ戦艦とヒッカム飛行場の戦闘機は、日本空軍の奇襲をうけて大打撃をこうむるという衝撃的大事件が生じた。愛する日本と祖国アメリカとが戦争関係に入るという悲しみの中で、ドージャーは、州政府嘱託の通訳あるいは翻訳者として徴用され、18か月間、州政府のために働かねばならなくなった。

1941年はハワイにおける日本人伝道の基礎づくりの年であったが、真珠湾事件以来、ハワイの教会に大きな変化が生じた。ドージャーは、次のように書いている。

戦争勃発後、ハワイにおける軍務の仕事量が増加したために、礼拝の出席が減少する傾向があります。戦争以前と比較しますと、どの教派の教会も、日曜は１回の礼拝に限定されてきました。日曜学校は、教える教師の不足のために、縮小されつつあります。…青年たちの多くは、日曜にも仕事に従事していますので、青年会活動は、かなりの打撃をうけました。多くのプロテスタント教会では、週半(なか)ばの祈祷会やウィークデー活動の出席者がかなり減少しています[11)]。

戦争中の困難な状況の下で、オリベット・バプテスト教会は、積極的な伝

9） メアリ・エレン・ドージャーから友人への手紙（1941年７月17日）より。
10） 斎藤いつ子「ハワイ伝道の報告」『世の光』（1957年２月号）、30頁。
11） E. B. ドージャーの未出版ノート “Our Field Today”（1942年、M. E. ドージャー所有）より。

道を展開した。教会の指導者と献身的クリスチャンたちが、多くの家庭を根気よく訪問し、多くの求道者を獲得した。真珠湾攻撃以後、日本人家庭への訪問は、大変難かしくなった。日本人は、アメリカに対する強い恐れと警戒心、また不安の感情を、抱いているからである。しかし、ドージャー一家の友好的訪問と、オリベット教会の婦人伝道者・斎藤いつ子さんの訪問によって、警戒心や不安が消え去り、次第に子どもたちや若い人達が教会学校に出席するようになった。エドウィン・ドージャーは、手紙の中で次のように述べている。

> 困難な状況にもかかわらず、わたしたちの伝道は大きな成果をあげつつあります。短い滞在期間であるにもかかわらず、老齢の日本人たちは、非常に良く反応してくれました。１年の間に、24人をこえる人々が、日本語部会衆の中に加えられました。出席者の数も、さらに増加することと信じます。わたしたちは、彼らをキリストへと導き、次に新しい思考と新しい生活へ導くという、２重の責任を感じています[12]。

1942年８月31日の友人に宛てた手紙を見ると、ドージャーがいかに忙しい日曜を過ごしていたかが分かる。毎日曜日の朝、放送局から15分の伝道説教を電波の助けを借りて行ない、ラジオを聞く人々に語りかけ、その後に、オリベット教会の日曜学校で教え、礼拝で説教し、そして、午後には、隔週毎に、集会に招かれて講演をした。ワヒアワはホノルルから比較的近い場所であったので、月１回出かけて行って、日本人のために礼拝説教をした。その結果、日本人会衆の数も増えていった。

ドージャーは、毎日、州政府の仕事のために勤務したが、彼の伝道に対する情熱は弱ることはなかった。そして、1942年には、ハワイ・バプテスト聖書学校の設立のために積極的に協力した。この聖書学校は、神の召命に応えて献身的に生きたいと願う若い青年男女のために開設されたもので、聖書を

12）E. B. ドージャーからポッター博士への手紙（1942年６月18日）より。

中心とする信仰の訓練を目的としていた。彼は、1942年から46年にかけて、聖書学校で、旧約聖書、宗教教育、説教学を非常勤講師として教えた[13]。

1943年の春になって、州政府の仕事から解放されると、エドウィン・ドージャーは、カウアイ島にまで宣教活動を拡大した。その島には、少数であったが、クリスチャンがおり、彼らの指導者、サム・玉城（たましろ）は、ドージャーの人格的感化力によりバプテスト信者になった。彼はアメリカ南部バプテスト連盟の年報の中で、次のように報告している。

> 1943年の６月、教会は南部バプテスト連盟に加入し、その名をワイメア・バプテスト教会と改名しました。オアフ島ホノルルのエドウィン・ドージャー師が、わたしたちの牧師代行となりました。彼は、100マイルも離れているわたしたち会衆のために、定期的に飛行機で訪ねて下さり、数日間滞在し、聖書を教え、説教して下さいます。１年の間に、31名がバプテスマを受けました。数か月後に、外国伝道局は、C. A. レオナード女史を、この島での伝道のために派遣して下さいました。その結果、伝道はますます進展しています[14]。

１人の熱心な仏教徒であったM・正木（まさき）氏が回心して、素晴らしいクリスチャンになった。彼の長男、トム・正木と、後に、星崎礼司師と結婚した彼の妹、アサノ・正木は、エドウィン・ドージャーの感化で、日本への宣教師となる決心が与えられ、２人とも日本の関西地方で優れた伝道活動を行なった。

ドージャーの救霊に対する情熱は、日本人だけに限定されなかった。彼は、アメリカ陸軍の兵士に対しても、良き牧師また良き友であった。その当時、若き陸軍兵士であったF. M. ホートン（Frederick Mast Horton）は、ドージャーと彼の家族に深い感銘を受けて、宣教師となる決心をし、戦後、宣教師として日本に赴任し、1950年以来、福岡の西南学院大学で教えながら、学生を愛

13) E. B. Dozier, “Baptist Bible School of Hawaii of the Southern Baptist Convention,” (unpublished paper), 1942.
14) Austin Crouch (ed.), *Annual of the Southern Baptist Convention* (Nashville: Executive Committee of the S. B. C., 1944), p. 259.

し、伝道に情熱を傾け、1983年使命を果たして帰米された。

2－2　ハワイの日本人伝道（1944－46年）

1944年も、ドージャーは、オリベット教会の日本語部牧師として、大変祝福された活動を続けた。32人が新しく信仰生活に入り、礼拝は50人を超えるようになった。ドージャーは、オリベット、ワヒアワ、ヌアヌで、週３回の説教をし、抑留所でも説教を行なった。州政府は再び彼を徴用し、彼は翌年まで、パートタイムで勤務した。

英語の分からない大人のための日本語礼拝は、1945年の間に、さらに増加していった。その年の終りのオリベット教会報には、英語部・日本語部、共に祝福されたことが次のように報告されている。

> この１年間を回顧する時、私たちに二重の祝福をもたらして下さった神への感謝と讃美で、心が満たされるのを覚える。過去５年間に、私たちは、E. B. ドージャー師の牧する日本語部と、ヴィクター・クーン（Victor Koon）師の牧する英語部とに分かれて、礼拝を守ってきた。1945年の終りにおける統計は、以下のとおりである。

各部／会員	英語部	日本語部	合計
会員	253人	66人	319人
受浸者	55人	12人	67人
転入会員	32人		32人

1942年の春以来、オリベット・バプテスト教会は、教勢において驚くべき発展を遂げて、1945年には、英語部・日本語部会衆を合わせると、ハワイ諸島の中で最大の教会にまで成長した。

1945年の８月に、日本の敗戦により戦争が終結すると、エドウィン・ドージャーの心は、すぐに日本へとはばたいてゆくのであった。そして、再び日本への宣教師として赴任する道が開かれるようにと、家族で心を合わせて祈りはじめた。親しいクリスチャンの友人らとの離別を強いられて、国が敵と味方に分かれて戦争せねばならない悲しさをじっと耐え、ハワイ在住の日本人のために、心を尽して献身的に働いてきたエドウィン・ドージャーは、戦災で焼失したり、破損した日本のバプテスト教会を１日も早く、愛する日本の同信の友らと力を合わせて、もう一度、伝道に邁(まい)進したいと願い、その時の到来を待ったのである。彼は、1946年５月17日、オリベット教会の日本語牧師を辞任して、会衆を平野牧師に委ねた。５年間の伝道と教会の中に成長してきた日本人クリスチャンたちのことを、モード B. ドージャーは「謙遜・寛大、そして、誠実の３つの言葉が適わしいものでした[15)]」と述べている。

２－３　戦時下の日本におけるキリスト教

第二次世界大戦は、神道を中心に国家を統一しようとする日本の国家主義者たちに、キリスト教迫害の絶好の機会を与えることになった。軍国主義政府は、天皇を現人神(あらひとがみ)として祭りあげ、国内においては、天皇崇拝を強制し、朝鮮半島においてはクリスチャンたちに、神社参拝を強要して反対する者・拒絶する者たちを迫害し、厳しい拷問で苦しめた。日本においては、天照大御神(あまてらすおおみかみ)の子孫である天皇を現人神として認めないキリスト教指導者たちは、国家の統一を乱す反逆者として非難された。1940年８月、社会奉仕活動に力を入れてきた救世軍は、イギリスのスパイ機関と烙印を押されて解散を命じられた。1943年にホーリネス教会が、また、1944年にはセヴンスデー・アドヴェンティスト教会が、解散を命じられている。賀川豊彦をはじめとして、国家神道と妥協をしなかったキリスト教指導者たちは、刑務所に拘置された。

1940年４月、日本国政府は、宗教団体法を立法化し、全プロテスタント教会が合併して、１つの組織体となるよう要求した。この行政指導の目的は、キリスト教活動を政府の監督の下に置いてしまうことにあった。バプテスト教会は、それまで東部組合（北部バプテスト系）と、西部組合（南部バプテスト系）とに分かれて、宗教活動を行なってきたが、1940年に、89教会が１つに合併して、「日本バプテスト教団」を組織したのであるが、教派的教団の独立的存続は、長くは認められなかった。そして、34のプロテスタント諸教

15）*Annual of the Hawaii Baptist Convention*（Honolulu: Hawaii Baptist Convention, 1947）, p. 119.

派が一緒になり、「日本基督教団」が組織されたのが1941年12月24日である。その結果、西部組合系バプテスト教会は、1947年4月に、日本バプテスト連盟を結成して、日本基督教団から離脱するまでの約6年半は、教団に所属していたのである。

1945年9月2日、日本政府代表、重光全権大使は、東京湾上に停泊するアメリカ戦艦ミズーリー号において、日本の無条件降伏を認め、サインをした。かくして、軍国主義者たちが築き上げようとした大東亜共栄圏というバベルの塔は、もろくも崩れ去った。そして、アメリカ占領軍指令官、マッカーサー（Douglas MacArthur）元帥の下で、日本は、新しい国家形成をするという歴史における重大な局面を迎えたのである。

3　第二次世界大戦後

太平洋戦争が終ると、アメリカの南部バプテスト伝道局は、日本のバプテスト教会の状況視察と新しい教団結成の可能性を求めて、使節を送る決議をした。そして、使節として、エドウィン・ドージャーが選ばれ、1945年12月パスポートの申請が行われた。ワシントンの政府がドージャーの日本への渡航を許可したのは、1946年7月18日になってからである。ドージャーは、南部バプテスト連盟からの使節として日本を訪問し、教会事情を視察し、バプテスト教会の再出発を願って、日本に向かうことになったのであるが、彼は、日本のバプテスト教会の必要に応じて、破壊された教会や学校を再建し、困窮の中にある人々を助けたいという願いを心に宿していた。

ドージャーの娘、サラ・エレン（Sarah Ellen Dozier, 現在インディアナ州立大学の医学部教授の妻、3児の母）は、神が彼女の父ドージャーを3度日本に送ったと述べている。即ち、「第1回は、1908年4月、長崎での誕生の際、赤ん坊として。2回目は、1932年、メアリ・エレンと共に宣教師として。…3回目は、第二次世界大戦後、使節として[16]」である。彼女は、その時の父ドージャーの気持を、次のように表現している。

16） Sarah Ellen Dozier, *My Daddy Told Me*（Nashville: Broatdman Press, 1949）, p. 131.

> 父の日本に帰ってゆきたいという強い願望は、使徒パウロがコリント人への第2の手紙12章14–5節の中で述べている言葉、「わたしは今、3度目にあなたがたの所に行く用意をしている。…わたしは、あなたがたの魂のためには、大いに喜んで費用を使い、また、わたし自身をも使いつくそう」という心境に似ていると父は語りました[17)]。

日本へ旅立つ前に、ドージャーは、家族と共にアメリカでしばらくの間過ごし、そして、リッチモンドの外国伝道局からの指令を待っていた。突然、電話の連絡があり、5日後にテキサス州のヒューストンから出航するようにという指令を受けたのである。わずか5日間で日本に向かうすべての準備を完了することは大変なことであったが、船会社の労働争議が長引いていて、このチャンスを逸すると、来年まで待たねばならないということであったので、ドージャー一家は、協力して買物や荷造りその他の準備を完了した。ドージャーが、家族とのしばしの別れを告げた時のことを、サラ・エレンは、次のように書いている。

> 1946年9月5日、お父さまは、ノース・カロライナ州のシャーロットを発ってゆかれました。私は、病気でしたので、駅まで行ってサヨナラを言うことはできませんでした。見送りに行った弟のチャールズは、汽車に乗って行ってしまった父を見て、「お母さんとお父さんは離婚したの？」とたずねたそうです。弟は、なぜ別れねばならないのか、理解できなかったのです。お母さまは、別れたくはないのだけれども、女性や子どもたちは、日本への入国は未だ許されていないことを説明しておりました[18)]。

ドージャーの乗ることになっていた貨物船は、ストライキのため22日間も出航できないでいたが、1日だけ中止となり、次のストライキが始まるという1時間前に、船は出航可能となり、メキシコ湾へ向かい、パナマ運河を通って日本への長い航路についたのである。

---

17) Sarah Ellen Dozier, *My Daddy Told Me* (Nashville: Broadman Press, 1949), p. 131.
18) Sarah Ellen Dozier, *My Daddy Told Me* (Nashville: Broadman Press, 1949), p. 131.

３－１　東京滞在と熊野清樹牧師

エドウィン・ドージャーが神戸港に着いたのは、その年の10月30日である。神戸から列車に乗って東京駅に着くと、そこには、熊野清樹牧師が待っていた。戦中戦後の食糧難の中で、体調を弱めていた熊野師は、ドージャー特使の両手をしっかり握りしめながら、「ドージャー先生、お待ちしておりました。これからは私の家をあなたの家と思って下さい。家内も娘もあなたのおいでを心から待っています」と言って歓迎した。牧師家族からも温かく迎えられたドージャーは、重いスーツ・ケースの中に入れていた食糧を取り出して、分け合うことができた時、心から日本に帰ってよかったと思うのであった。

熊野牧師が監理していた小石川の駕籠町バプテスト教会は、戦時中に隣接地にある軍部管轄下の理研化学の実験工場として改修されるために、建築物一切を売却するように、軍部から強要されたのであった。頑なに拒絶すれば、財産の強制没収という事態の生じる恐れもあったので、やむをえず売買契約をなし、売却して、全額を受け取って２週間後に、東京の空襲により、教会堂はもちろんのこと、敷地内の建物はすべて焼失してしまったのである。「先生、神様は本当に私たちのことを配慮して下さるのですね。お蔭様で、私たちは新宿区下落合のこの大きな屋敷に住み、また、礼拝を守ることができるのです。私たちは心から神様に感謝しています」と語る牧師の言葉に、ドージャーも心からアーメンと唱和するのであった[19)]。

ドージャーが使節として来日する前に、1946年の早春、外国伝道局のM. T. ランキン（Milledge Theron Rankin）総主事は、熊野牧師に書簡を送って、「主に仕えるクリスチャン同志として、私たちが共につくり上げた結合のきずなを断ち切ることは、何人もできないと思います。私があなたと日本でお目にかかって以来、恐ろしいことが起りました。しかし、どんなに悲しい出来事も、あなたがたクリスチャンとの交わりを断つことはできません[20)]」と述べている。ランキン氏は、日本のバプテスト信者に対してもっている厚い友情の気持を、ドージャーが日本に向かうかなり前に熊野牧師に伝え、その気持

19）Edwin B. Dozier, “Report to the Foreign Mission Board of the Southern Baptist Convention,”（unpublished paper）, December 12, 1946, p. 13.

20）Akiko Endo, *Rings in the New*（Nashville: Broadman Press, 1949）, p.59.

が日本のすべてのバプテスト教会に通じることを願ったのである。

ドージャーが使節として来日する前に、駕籠町バプテスト教会の熊野牧師と信者たちは、日本基督教団から離脱して、新しい教会を組織することを決議していた。信徒たちは、軍国主義政府の強制の下に組織された「日本基督教団」の中にあって、体験した失望を隠そうとはしなかった。彼らは、教団の中では行動の自由が制限されること、また、教会観・礼典観・教会政治及び聖書の解釈に関しても、バプテスト本来の立場と違うことを強く感じていたのである[21]。それゆえに、ドージャーと熊野牧師は、ためらいもなしに、日本バプテスト教団の再編成のために力を合わせることができたのである。ドージャーは、熊野牧師の家に滞在し、すでに日本基督教団の中に合併させられている、かつての旧西部組合系（南部バプテスト）の牧師たちとの連絡をとり始めた。その際、熊野牧師の協力と助言なしには、ドージャーは、戦後日本において、効果的な働きができなかったことは言うまでもない。

３－２　九州への旅

東京の熊野牧師宅に約２週間滞在後、ドージャーは、九州へと旅立っていった。この旅は、彼にとって極めて重要なものであった。南部バプテストの伝道は、北九州から始められ、それから、福岡・熊本・鹿児島・長崎・佐賀へと拡大していったので、九州地区には、南部バプテストの歴史的な有力教会が存在していたからである。九州の教会の代表者との話し合い如何（いかん）によって、新しくバプテストの教団が結成されるか否かが決まると思うと、ドージャーの心は、自然と祈りへと向かうのであった。外国伝道局に宛てて書いた後（のち）の報告書の中にも、ドージャーは、「私の九州への旅は、日本において南部バプテストの宣教活動が、再出発するか否かを決する大切なものでした[22]」と述べている。それだけに、彼の責任は、重大であったのであるが、ドージャーは、ただ、主なる神と主にある兄弟姉妹たちを裏切らないようにしたい、ということだけを考えていた。九州に向かう車中のドージャーの心を、サラ・

21）Edwin B. Dozier, *Japan's New Day*, p. 131.
22）Edwin B. Dozier, "Report to the Foreign Mission Board," p. 1.

エレンは次のように書いている。

> 暖房のない汽車に揺られながら、お父さまは、爆撃によって、焼け野原となった多くの都市を見つめました。このようなむごたらしい傷跡を残した破壊のために、どれだけ多くの代価を日本もアメリカも支払ったことかと考えて、お父さまの心は痛みました。…汽車が都市から町・村へと過ぎてゆくとき、廃墟と化した多くの場所が目に映りました。しかし、そんな場所にも、生命のしるしが見えました。焼け跡に人々が寄り集(つど)って、古い材木やトタンなどを用いて、何とか雨露をしのげる小屋を建てていたからです。そして、小さな菜園にも、野菜が大きくなっておりました。廃墟の中に、なおも生命が残されているように、日本に残されたクリスチャンの心に、霊的な生命が残されているに違いないと、お父さまは思ったそうです。たといクリスチャンの数は少なくても、多くの魂が、やがて勝ち得られると考え、お父さまは、神の国建設のために希望をもつようにと、自分を励ましたのでした[23)]。

東京から九州まで30時間を要したため、ドージャーは、混雑した列車の中で、ひざを枕代わりにして、寒い一夜を過さねばならなかった。翌日、小倉駅に着いた時、彼は、２人のバプテスト教役者から心温かく迎えられた。１人は、シオン山バプテスト教会の今は亡き三善敏夫牧師であり、もう１人は、南部バプテストの日本における最初の回心者、菅野半次氏の息子であり、小倉バプテスト教会の牧師代行を務めていた菅野救爾氏であった。３人は、門司から電車に乗って、西南女学院の建っている小倉駅へと向かった。女学院に到着すると、原松太院長夫妻からの歓迎を受けて、ドージャーは、キリストによって、創られた友情が、戦中の悲しみを乗りこえる偉大なものであるという実感を深めたのである。歓談の後、彼らは、C. K. ドージャーの墓に出かけ、感謝の祈祷会をもったのである[24)]。

23） Sarah Ellen Dozier, *My Daddy Told Me*（Nashville: Broadman Press, 1949）, pp. 7-8.
24） Sarah Ellen Dozier, *My Daddy Told Me*（Nashville: Broadman Press, 1949）, pp. 8-11.

3－3　福岡会議

1946年11月23日、福岡の西南学院の会議室に、旧西部組合系（南部バプテスト）の教会に属する九州地区の牧師または教会代表が集まった。各教会の報告がなされた後、ドージャーは、使節として、アメリカ南部バプテスト連盟の意向を語るために立ち上がり、次のように述べた。

アメリカの南部バプテストは、日本において福音を宣教するように神からの召命を受けました。それゆえに、わたしたちは、クリスチャンあるいはノン・クリスチャンを問わず、日本の兄弟姉妹たちがわたしたちを招いて下さるのをじっと待つことは致しません。しかし、わたしたちは、かつての同労者であった人々と、しっかりと手を握り合って、日本における宣教事業を推進したいのです。

わたしたちが日本にやつてくる第１の目的は、キリストを宣教することであって、教派を前進させることではありません。しかしながら、これから福音宣教を実践してゆくに当たって、過去に築き上げたわたしたちの教派的協力関係を用いること以上の良策はないと思うのです。

わたしたちが事に当たるとき、自分が正しいと信じる基本的信仰内容が妥協をよぎなくされて、信念が貫けないのではないかという恐れをもって事に当たることはできません。わたしたち南部バプテストは、１つの統合的プロテスタント教会の形成を試みる連合教会会議の一部になることを拒否しましたが、その時、次のようないくつかの基本的理由が述べられました。

（１）　わたしたちは、聖書が神の霊感を受けて書かれた神の言であることと、聖書の無謬性とを否定する者とは、組織的に１つになることはできない。

（２）　わたしたちは、神の三位一体性とキリストの神性を否定する者と、結合することはできない。

（３）　わたしたちは、聖書以外に信仰と実践の規範を認めるような者と一致することはできない。

（４）　わたしたちは、キリストの十字架における犠牲的死と体の復活によって可能となった恵みの出来事としての救いを信じようとしない者と、１つになることはできない。

（5） わたしたちは、教会が（古い自分に死に、新しい自分に甦えったという）内的体験を象徴する浸礼にあずかり、教会の交わりと義務を果たすようになった信者、即ち、新生した信者によってのみ構成されるべきであると信じるが、それ以外の教会構成を受け入れることはできない。

（6） わたしたちは、各個教会の自治と独立の権威、また、民主的教会政治の実践を危くするような、いかなる形の組織をも拒絶せざるをえない。

南部バプテストの歴史において、今日（こんにち）ほど信教の自由の原理の下に、他のクリスチャンの兄弟たちと喜んで協力することが可能となった時代はありません。しかし、わたしたちの内なる確信を捨てて妥協してまで、協力すべきだとは思わないのです。

わたしたちが日本で願うことは、同じ信仰をもつ人々と共に協力し合い、1つの団体が他の団体を支配するということなしに、兄弟として互に仕え合うことです。福音の宣教は、日本人の計画でも、アメリカ人の計画でもなく、神の計画であります。日本とアメリカの信者は、時間と財産と自分自身を献げて、神のご計画の実現のために努力すべきではないでしょうか。神の前に平等な者同士として、わたしたち働き人は、神に用いられる場所をもっていますが、この世において協力するとき、神の命令を最も有効に果たすためには、わたしたちが最善の人を選んで事に当たらせるべきではないかと思うのです[25)]。

ドージャーの熱のこもった、説得力のある使節としてのメッセージが終わると、西南学院大学の山永武雄教授は立ち上がって言った。「南部バプテストは、日本人の招きを待たずして、神の召命を聞いたゆえに、また、天から示された幻に従順であるために、日本にやってくるのだとあなたが言われたとき、私の心は喜びに震えました。それこそ、きょうわたしたちが必要としている精神なのです。私は、外国の多くの伝道局が、日本基督教団の指示を待っていると聞いてがっかりしていました。わたしたちの立つべき権威の基盤を示して下さって、誠にありがとうございました[26)]」。

25） E. B. ドージャーの「アメリカ南部バプテスト連盟外国伝道局への報告書」は、タイプ用紙29枚にも及ぶ長いもので、1946年12月12日に完成している。この演説ともいうべき説得力のあるメッセージは、報告書の中の第一部「日記の中から」と題したところに収録されているものである。

26） 山永教授の発言も、「報告書」の「日記の中から」に記述されている。10頁参照。

その時の会議の性格上、ただちに新しい宗教団体を結成するというような行動をとることはできなかった。会議で討議されたことが、各教会において報告されて、日本基督教団から離脱するかどうかが決議されることが必要であった。しかし、散会する前に、教会の代表たちが確認したことは、第1に、彼らがバプテストとして、バプテストの伝統の線に沿って今後も進んでゆくということ、第2は、日本基督教団から離脱の行動を取るまでは、現状を維持すること、第3は、南部バプテストの伝道は、九州に限定すべきではないということ——であった[27]。代表者たちは、新しい連盟を結成するために、4か月後に再会することを約束して、それぞれの教会へと散っていった。

ドージャーは、その後、次々と学院関係者や教会関係者と面談し、集会で話をして、東京へ向けて福岡を発ったのは、11月27日である。28日の日記の中に、ドージャーは、「疲れた。しかし、10日間の多忙な日程の間、神のお導きを感謝する。感謝祭記念日の9時半に、東京のベッドに憩うことができた[28]」と書いている。

4か月後の会議を控えて、エドウィン・ドージャーは、その前に、外国伝道局への報告書を仕上げねばならなかった。気候の温和なハワイにおける数年の働きの後に、暖房設備のない東京の家で仕事をすることは、きついことであった。教会での説教を依頼されて電車に乗ると、破れた窓から流れこむ風は、彼の顔を刺すように冷たく、体を凍えさせた。ドージャーは、1947年を迎えて間もなく、肺炎を患い、咳がとれるまでに、長い間の静養を余儀なくされてしまったのである。

3－4　日本バプテスト連盟の結成

健康を回復すると、ドージャーは、再び福岡への準備にとりかかった。西南学院関係の学校における卒業式の式辞を述べるために、九州地区の諸教会をめぐって伝道集会を行うために、東京を3月5日に発って福岡に向かった。17日の予定であった。その前に、彼は、旧西部組合のバプテスト諸教会に、

---

27) E. B. ドージャー「アメリカ南部バプテスト外国伝道局への報告書」11頁参照。
28) E. B. ドージャー「アメリカ南部バプテスト外国伝道局への報告書」13–18頁参照。

次のような手紙を書き送っている。

アメリカ南部バプテスト連盟の主にある兄弟姉妹たちは、あなたがたのキリストにある信仰と最も困難な日々に示された証しを知って、心からの愛と同情と賞讃を言い表わしたいと願っています。遅くなりましたが、彼らのあなたがたへの尊敬と愛情を示すしるしを、僅かではありますがお送りできますことを嬉しく思います。為替(かわせ)で送りますが、どうかこの小さな贈り物をお受け取り下さいまして、あなたがた自身の便宜(べんぎ)のためにお使い下さり、それによって、神の国の仕事のために、より有益な人材となっていただきたく存じます[29)]。

九州地区の諸教会をめぐる日程の中で、ドージャーのキリストに対する情熱は、バプテスト信者の中から熱意ある応答を惹(ひ)き起こした。また、日本人と共に苦難を喜んで分かち合おうとする気持は、接する人々に深い感銘と感化を与えたのである。ドージャーの徹底した神への献身的働きを通して、多くのバプテスト信者は、敗戦と失意の中で苦悩している同胞の魂を、キリストの福音によって救わねばならぬという責任感を呼び醒(さま)されたのである。ドージャーと共に伝道旅行の苦楽を分かち合った西南学院大学の故河野貞幹教授は、その時のことを、次のように語っている。

3月14日以来、ドージャー師は特別伝道集会をもってきました。私は、彼と共に伝道旅行を共にしましたが、大牟田・長崎・熊本・伊集院の諸教会で働く聖霊のみ業を、この目で見ました。神のみ霊の実が結ばれてゆくのを知って、私は、大きな喜びで満たされました。200人以上の人々が、キリストを信じる決心をしました[30)]。

1947年（昭和22年）4月2、3日の両日、16教会の代表者23人が西南学院バプテスト教会に集まった。16の教会は、目白ヶ丘・西巣鴨・呉・広島・下

29）E. B. ドージャーから日本のバプテスト教会（旧西部組合系）に送られた手紙（1947年3月5日）より。
30）Edwin B. Dozier, *Japan's New Day*, p. 130.

関・門司・小倉・シオン山・八幡・戸畑・福岡・西南学院・大牟田・熊本・長崎・伊集院である。鹿児島教会と佐世保教会は、共に教会堂は焼失してしまい、牧師も不在であり、信者たちは、他教派の教会に出席していたので、代表を送ることは実質的に不可能であった。

時間をかけた討議の末、4月3日、教会代表者たちは、「日本バプテスト連盟」の結成を満場一致で決議した。この決議は、目白ヶ丘教会を除く15教会が、日本基督教団から離脱することを意味した。そして、役員選挙の結果、初代理事長・尾崎主一師、副理事長・E. B. ドージャー師、書記・古賀武夫氏、会計・三善敏夫師、総主事・河野貞幹師、伝道委員長・荒瀬昇師、広報委員長・熊野清樹師、社会委員長・日笠進二師、教会教育委員長・菅野救爾氏が選出された。役員選出後、会議は、日本全土が伝道の領域であることを確認し、宣言した[31]。

アメリカの南部バプテスト連盟に対して、日本バプテスト連盟結成に際して、日本から送られたメッセージは次のようなものである。

> …終戦直後に、日本に駐在した南部バプテストに属する多くの兵士や従軍牧師たちは、あなたがたのことを語ってくれました。わたしたちのために熱心に祈っていて下さることを伝えたランキン博士からの手紙を受け取り、わたしたちは大変感謝し、また、励まされました。…心待ちにしていたドージャー兄弟の到着は、わたしたちが築き上げてきた旧き友愛を焔と燃え上がらせました。彼の使節としての存在と、南部バプテストに属するあなたがた兄弟姉妹たちの愛と祈りは、深くわたしたちを感動させました。…1947年4月3日、旧西部組合に属していた教会は、伝統的なバプテストの原理に立脚した日本バプテスト連盟の結成を満場一致で決議しました。日本における新しいバプテストの伝道方策のエンジンが始動しはじめたのです[32]。

日本バプテスト連盟結成に先立つ約6か月前、即ち、1946年10月、日本基

31) E. B. ドージャーの講演ノート「宣教団と連盟」(“The Mission and the Convention—A Historical Survey”) 20頁参照。
32) E. B. Dozier, *Japan's New Day*, pp. 134-35.

督教団は年次総会において、公式に教団自体が「教会」であることを確認し、教憲・教会規定と信条を採択した。新しく誕生した「日本バプテスト連盟」は、日本基督教団の教会観・礼典観・教会政治のあり方・信条をもつことなどに対して、はっきりと否を述べて、歴史の中で守り抜いてきたバプテストの主張に従って、前進してゆくことを決意したのである。1947年5月10日付の外国伝道局への追加報告の中で、ドージャーは、次のような心境を書いている。

> 使徒行伝11章21節、「主のみ手が彼らと共にあったため、信じて主に帰依するものの数が多かった」という言葉が、約束の成就として心に浮かびました。事実、神のみ手は私たちと共にあったのです。…疑いもなく、待って祈り、考える時期は、祝福された結果をもたらすための神の期間でありました。人の心に神のみ旨がなることを見るために、これからも忍耐する心を与えて下さい、と祈り続けてゆきたいと思います[33]。

ドージャーにとって、16の教会によるバプテスト連盟の結成は、奇跡のように思われた。16教会のうち、9教会は、戦時中に空襲で焼失していたのである。23人の専任牧師のうち、8人は軍務に服し、6人は死亡その他の理由で、伝道牧会の世界から失われていた。3人は、安全な場所への疎開を余儀なくされ、ただ6人だけが、戦時中も、牧師としての仕事を続けることができたのであった。多くの小さな群にとっては、戦争中は、恐ろしいほどの孤独に耐えた悪夢にも等しい年月であった。ある群は、指導者を失なって、羊のように迷い出てしまったのである。

エドウィン・ドージャーは、戦争の傷跡も生々しい教会や学校関係の状況をつぶさに視察し、報告書としてまとめ、それを外国伝道局に送っている。外国伝道局は、ドージャーの誠実な働きと適切な報告により、日本のバプテストに関する状況を正確に把握することができ、早急に日本バプテスト連盟に対する支援活動を開始することができたのである。そういう意味で、使節

---

33) E. B.Dozier, “A Supplementary Report to the Foreign Mission Board,” (unpublished paper, May 10, 1947), p. 19.

ドージャーは、立派にその任務を果たしたと言うことができる。

1947年7月、外国伝道局の東洋主事、B. J. コーセン（Baker James Cauthen）博士、T・キャラウェイ博士、そして、A. グレーヴス（Alma O. Graves）女史が日本に到着し、福岡へと向かった。ドージャーは、コーセン主事を連れて、九州のバプテスト教会を視察訪問し、同時に、伝道集会の時を持った。10月になると、W. R. メドリング（William Robert Medling）一家、A. L. ギレスピー（Alfred Leigh Gillespie）一家、そして、C. E. ランカスター（Cecil Elizabeth Lancaster）、F. T. ミラー（Floryne Tipton Miller）、F・ターレー（Frances Talley）、ワトキンスら4人の女性宣教師が来日し、少し遅れて、W. M. ギャロット博士一家が日本に帰ってこられて、伝道と教育活動が再開されることになった。

コーセン博士の通訳を務めるエドウィン
（写真奥　1947年）

自分に与えられた使命をなし終えると、宣教師代表としての責務を、ギャロット師に委ね、ドージャーは、1947年11月、愛する家族の待つアメリカへと帰っていった。約15か月もの長い間、父の帰りを待ちわびていたドージャーの娘、サラ・エレンは、その時の喜びを、次のように述べている。

> 1947年の感謝祭の前日の晩、お父さまが帰ってこられた時、私たちは何と幸せだったでしょう！ お父さまは20ポンドもやせて帰られましたが、元気でした。私たちは、心から主に感謝しました。その日以後、私たちは、休暇が終るまで、帰ってゆく日本での数々のプランに心を踊らせたのです[34]。

34） Sarah Ellen Dozier, *My Daddy Told Me*（Nashville: Broatdman Press, 1949）, p. 15.

第Ⅳ章　栄光の死に至る20年

エドウィン・ドージャーの戦後日本における働きは、２つの時期に分けられる。

第１期は、東京における９年であり、その間に、彼は、宣教師代表・日本バプテスト宣教団会計・日本バプテスト連盟主事・恵泉バプテスト教会牧師などの務めを果たした。

第２期は、福岡における11年であり、その間に、彼は、福岡の西南学院大学神学部において実践神学の教授として教壇に立ち、伝道者養成に情熱を燃やし、また、西南学院院長に選ばれると、大学紛争の最も困難な時期に、その重責に耐え、過激な学生運動の中で心臓マヒで倒れ、キリストのもとに召されていったのである。

1　東京における９年（1948－57年）

日本バプテスト連盟の結成という念願が成就し、喜び勇んでアメリカの家族のもとに帰って休養したドージャーは、家族と共に日本に赴任する準備を整え、1948年９月に日本に戻ってきた。そして、東京に落ち着くとすぐに、彼は、日本バプテスト宣教団の代表として、また、会計係として働くことになった。F・カルヴィン・パーカー（Frankrin Calvin Parker）宣教師の言葉を借りて言うと、「新しくアメリカで任命されて次々と日本に赴任して来る宣教師たちの中にあって、また、急速にふくれあがる宣教団の中で、ドージャー師は、優れた指導者であり、また、有能な会計係として、力を発揮した[1)]」のである。ドージャーは、日本バプテスト連盟内にあっても、副主事（1948年）、主事（1949年）、副総主事（1950年）、連盟主事（1951年）に選ばれ、戦

1）F.C.パーカー宣教師から筆者への手紙（1971年１月24日）より。

後のバプテスト連盟が飛躍的に成長してゆく時期の、大切な助言者であり、また、働き人であった。また、1949年から54年までの５年間、年次総会において出版委員長に選ばれ、その間、彼は教会学校教師のためのテキストである「聖書教育」の出版を開始し、さらに、バプテスト信仰叢書の企画と出版、即ち（１）『聖書概説』（熊野・三善共編）、（２）『バプテストの嗣業』（J. C. ターナー著、吉田敬太郎訳）、（３）『基督教教理（上）』（W. T. カナー著、尾崎主一訳）、さらに、伝道用トラクト約20種の印刷など、文書による伝道に意欲を燃やした。元ヨルダン社社長艸薙（くさなぎ）俊夫氏は、ドージャー師が連盟の出版部委員長として責任を果たしていた時期に、文書伝道を専らの目的とする出版機関、すなわち、ヨルダン社の基礎づくりに大切な役割を果たしたことを、筆者との面談の折り指摘しておられた。

ドージャーの語る日本語は、日本人も驚くほど、アメリカ人特有の英語なまりの少ないものであった。それは、日本に生まれ育ち、日本で宣教師になる決意をした宣教師二世の特権であろう。同時に、彼は、優れた説教家であったので、彼は、バプテスト諸教会で歓迎され、多くの特別伝道集会に招かれ、時間の許される限り諸教会で奉仕をした。

ドージャーの救霊に対する情熱は、1949年に自宅を開放して行われた日曜学校に表われている。この日曜学校が土台になって、後に、恵泉バプテスト教会が生まれ、やがて、この教会は、日本バプテスト連盟内の強力な教会になってゆくのである。1949年に妻メアリ・エレンによって書かれた手紙の中に、ドージャーの働きが、生き生きと、次のように語られている。

> 日本に帰ってきて、早くも１年が過ぎ去りました。…日本に来た35人の宣教師たちは、熱心に日本語を学び、伝道の業（わざ）に従事しています。エドウィンと私はこれほど忙しい、しかし、充実した生活はないと思えるような日々を過ごしてきました。実に、多くのことが、私たちの家でなされました。…エドウィンがあまりに多く家を空けますので、一番下の娘アデリア・アン（Adelia Ann）が、「お父さまは、また行ってしまったの」と聞くほどです。…彼の不在の日が多いにもかかわらず、８月に、教会組織（恵泉バプテスト教会）をすることが許されました。エドウィンが牧師となり、教会の着実な霊的成長が見られる

のは、本当に嬉しいことです。…私たちの住居の隣りに、日本バプテスト連盟の事務所があり、ヨルダン社があるのです[2]。…

ドージャーが東京で働いていた５年の間に、日本バプテスト連盟の教会数は、16教会から55教会と47伝道所に、信徒数は約1,000人から7,000人に飛躍的に増加した[3]。ドージャーは、急速に拡大されてゆく連盟内にあって、連盟主事として、伝道戦略や伝道企画において、積極的な計画やヴィジョンを提供できる貴重な知恵袋であった。

このような、エドウィン・ドージャーの戦前・戦中・戦後における日本での優れた働きと功績が高く評価され、彼の母校、ノース・カロライナ州のウェイクフォレスト大学は、1955年５月30日に、ドージャーに名誉博士号を授与した[4]。彼がドージャー博士と呼ばれるようになったのは、それ以後のことである。

1956年のクリスマスから、ドージャーは、「ドージャー便り」と題して、毎年友人たちに手紙を書き送った。その便りによると、東京における終わりの２年間の様子が、よく分かる。1956年に彼は、12回を超える特別伝道集会で説教をし、西南学院大学神学科で「伝道学」を集中講義し、また、「伝道学」の教科書を執筆しはじめている。1957年には、10回の特別伝道集会での奉仕、神学科での「伝道学」の集中講義、「伝道学」の教科書の継続執筆、夏期アジア・バプテスト会議への出席を、「ドージャー便り」の中で報告している。

東京在住の９年間において、ドージャーが日本バプテスト連盟と日本バプテスト宣教団に対して果たした役割は、極めて重要なものである。その９年間に教会は、16教会から67教会と95伝道所へと急増し、日本人牧師は20人から101人へと増え、宣教師の数が109人に達してゆく中で、E. B. ドージャーは、連盟と宣教団の戦後の基礎づくりになくてはならない人材として活躍した。戦後の最も困難な時期において、東京での果たさねばならなかった彼の務めは終っていた。そして、ドージャーは、神の召命に応えて、新しい使命

２） M. E. ドージャーから友人たちへの手紙（1949年12月５日）より。
３） The Foreign Mission Board, *Foreign Mission News*, October 26, 1953.
４） *The Wake Forest*, May 30, 1955.

を果たすために福岡へむかっていったのである。

2　福岡における10年（1958−68年）

ドージャーは、1958年（昭和33年）に福岡に移住して、西南学院大学神学科の専任教授として、実践神学を教えることになった。東京時代の激務に加えて、引越しの疲れが重なり、神学教育にたずさわる新しい学問的環境と度（たび）重なる会合は、ドージャーにとって、精神的・肉体的重圧となっていった。彼には、休憩が必要であった。しかし、彼は働き続け、過労が加わり、1959年２月25日、エドウィン・ドージャーは、ついに心臓マヒで倒れ、京都バプテスト病院に入院したのである。その翌日、福岡の自宅より妻メアリ・エレンは、次のような手紙を夫に書き送っている。

> 昨晩ジム（ジェームス P. サターホワイト（James P. Satterwhite））博士が、私を電話に呼び出して、あなたが入院したことを知らせてくれました。昨日の午後、何度かあなたが私を必要としているという考えに捕われたのです。でも、私が疲れているから、そのような思いにとらわれるのだと思って、早く床につこうとしました。私は、あなたが疲れた体で出かけたことを、知っていました。だから、出発前に十分に休養をとるように強くあなたに言いました。私も疲れていました。諸会合だけでも疲れるのに、責任というものが重なると、過労になりますからね。…昨晩、ジムが電話をくれました時、私はいつものように祈りました。そして、神様が私の祈りを聞いて下さること、また、神様が病院であなたと共にいて下さることを信じました。あなたのもとへ飛んでゆきたいと思いました。霊的に一瞬でありましたが、あなたと共にいました。しかし自然の法則は、私をここに引きとどめました。今日、あなたが気分よくなっていることを願い、また、早く家に帰ってこれますようにと祈りました。必要ならば、あなたの所へ出かけます。…いつも、愛するあなたのことを思い、祈っています[5]。

5）M. E. ドージャーから夫エドウィンへの手紙（1959年２月26日）より。

「ドージャー倒る」というニュースは、千里を走って全国の教会に伝わり、祈りの輪は広がっていった。そして、見舞状が、続々と、彼のもとに届けられたのである。アメリカ外国伝道局のコーセン総主事やクローリー（J. W. Crawley）東洋部主事、西南学院大学教授、バプテスト教会牧師、信徒、宣教師、アメリカの親戚の人々など、多くの人々から寄せられた見舞状には、愛と励ましと祈りの言葉が溢れていた。数多くの手紙に見い出される人の心の温かさを、すべて紹介することはできないが、外国伝道局のコーセン博士からの見舞状だけを紹介しよう。

> 敬愛するエドウィン、あなたが病気で倒れたことを聞きました。外国伝道局に働く者一同は、あなたのことを覚えて祈りました。神が、あなたを顧みて力を与え、健康を回復して下さりますように。
>
> アダムス博士が心臓マヒで倒れた後に、素晴しい回復をなしとげて、私たちを喜ばせてくれたことを覚えて下さい。彼は、自分の仕事を驚くべき方法で続けています。アイゼンハワー大統領も、心臓マヒからの回復後に、どんな仕事をすることができるかを私たちに教え、励ましてくれました。
>
> 私たちの知る海外宣教の領域において、戦後の日本において、あなたがなした仕事が、最も意義ある達成の１つとして神が数えておられると思います。…私たちが日本においてなすことができた多くのことは、神があなたの心に注がれた深い愛に対して、日本の兄弟たちが積極的に応えてくれて初めて可能となったのです[6)]…。

多くの兄弟姉妹たちの祈りに応えて、神はドージャーに健康を賜わった。ドージャーは、約１か月の静養と治療の後、元気になって、1959年３月26日に、福岡の自宅に帰った。それから７か月間、彼は神学科で、伝道学・説教学・牧会学を教えた。翌年１年の休暇をとって帰米し、ヴァージニア州のリッチモンドで家族と共に過ごし、また、長老派のユニオン神学校に通って、伝道学と牧会学の学びを深めた。

6） 外国伝道局総主事ベーカー・J・コーセン博士からE. B. ドージャーへの手紙（1959年３月４日）より。

1961年に福岡に帰ったドージャーは、情熱を傾けて神学生教育にたずさわり、また、1963年まで、西南学院の短期大学部長として働き続けた。4年の歳月は光陰矢の如く過ぎ去り、その間、神学校で教え、田隈バプテスト教会と有田伝道所で説教し、アジア・バプテスト神学大学院で教え、日本バプテスト連盟の仕事にたずさわり、伝道学の教科書を書いて、*Christian Evangelism* という題で、1963年にヨルダン社から出版した。

西南学院院長当時のエドウィン（1966年ごろ）

1965年11月、ドージャーは、西南学院の院長に就任した。10月25日の理事会で選任され、11月17日から執務をとりはじめた。第9代目院長として、学生総数5,000人をこえる総合的学園（保育所・幼稚園・中学校・高等学校・大学）の行政責任者となったのである。ドージャーは、院長としての責任と抱負を、次のように述べている。

> 私は西南学院創立50周年という記念すべき年に、院長であることに大きな責任を感じております。1916年に、西南学院は9人の教職員と104人の学生をもって始まりました。今や、200人の教師と5,643人の学生を擁しています。…この学院の院長として仕えている間、私は「西南よ、キリストに忠実なれ」と語った父のメッセージを覚えつつ、学校の霊的・伝道的内容を深めてゆきたいと思います[7)]。

西南学院創立50周年の記念式典は、1966年5月11日、校外の九電記念体育館で行われた。盛大な式典のプログラムの中で重要な役割を果たしながら、ドージャーは、父親が創立の労をとった学院が、神の祝福の下に力強く成長してきたことに、深い感銘を覚えたに違いない。

7）E. B. ドージャーの「ドージャー便り」（1966年）より。

院長就任後、ドージャーは、学院の使命を特に考えることが多く、彼は『西南学院大学広報』で、次のように書いている。

> 西南学院は今年創立52周年を迎えました。半世紀をやっと過ぎた程度で、それほど古い歴史をもった学園とはいえません。しかし、今日までわが西南学院が、独自の建学の精神をうち立て、それを一貫して守り続けてきたということは、決して生易しいものではなかったといえましょう。特に大戦後の混乱期にあって、価値体系の180度の転換と、その後の驚異的な経済成長、それに伴う意識の変革の中で、今日に至るまで脈々とその精神を伝え得たということは、本学の建学の精神、「キリストに忠実なる」ことが、常に新たな、そして普遍的な精神であったからだと確信しております…。
>
> キリストの精神を建学の精神とするということは、キリストご自身の歩まれた道を歩めというきびしい挑戦に他なりません。西南に学ぶものの絶対的な使命として、そのことを十分に理解し、体得していただきたいのです。
>
> 大学はあくまでも学問的レベルにおいて、また建学の精神において、その使命の自覚において社会の評価に耐え得るものでなければなりません。学生諸君の１人１人が、その使命に立ち、学識と、建学の精神を踏まえて、大学人としての本分に徹するならば、それこそ本学存立の意義が明らかにされたこととなるでしょう。そして、それは何よりも、諸君の自覚に待たなければならないのです[8)]…。

親子２代にわたって、その生涯を、日本人のために捧げ尽したドージャー親子は、キリストに忠実に、誠実に、生きるということを、人生における最も大切な目標としてかかげ、自らそれに徹する努力をして生き、また、その重要性を学生たちに訴えたのである。

院長に就任して３年がたった1968年10月23日、日本国政府は、明治百年を記念して、外国人叙勲を決議し、E. B. ドージャーに勲四等旭日小綬章を授与した。この叙勲は、日本の文化・教育・産業・経済の発展のため、社会福祉

8）『西南学院大学広報』（1968年７月４日号）、１頁。

の向上のために、功績があった外国人に行われたものである。ドージャーと共に、A. グレーヴス女史も、30年にわたる西南学院での優れた英語教育が評価されて、勲四等瑞宝章が授与された。

3　大学紛争と栄光の死（1969年）

日本国政府から表彰される名誉に輝いたドージャーの前に、既に激しい大学紛争の嵐が吹き荒れていた。この嵐は、日本全国の大学を襲ったものであり、多くの苦悩と悲劇を惹き起した嵐であった。学園紛争の数は、1960年の日米安全保障条約反対運動の盛り上がり以来、増加の一途をたどった。学園紛争は、1961年に６大学、65年に50大学、69年には70を超える大学と、年毎に増加してゆき、大学は運営当局者と学生との激しい対立抗争に突入してゆくのである[9)]。授業料値上げ反対を中心とする諸要求をかかげた学生による反対運動、大学当局の過激な学生に対する警告と処罰、それに対抗するストライキとバリケードによる構内建物の占拠、機動隊の導入と学生の反発、というような紛争の型が、多くの大学で展開された。

西南学院大学で学園紛争が特に表面化したのは、1968年に入ってからである。大学側が年末に新入学生の授業料値上げを発表し、それに対する反対運動が学生の側から起こり、２つに分裂した学生グループ代表と大学側代表との協議を、いかにして正式のレールに乗せるかを模索している間に、２月17日夜、過激派学生グループは４時間にわたり、大学側の理事および部長11名を拘禁状態におくという行動にでた[10)]。２日後の19日夕刻、大学側が教養部長室において学生グループから抗議を受けていた最中に、全共闘系学生が多数現われ、彼らを室外に排除し、さらに、学長室に乱入して不法占拠し、ドージャー院長・理事・学部長など、16人を再び長時間にわたり拘禁した。このため、ドージャー院長の血圧は上昇し、心臓異常の徴候を示した。心臓マヒで入院した過去のある院長の状態を心配する関係者の努力で、彼はやっと救

9）Junro Fukashiro, “Student Thought and Feeeling,” *Japan Quarterly*, XVI, 2（April-June, 1969), 148-49.

10)「西南学院大学学長告示」(1968年２月）参照。

出されたが[11]、ドージャーはこの苦しみをじっと耐えた。

２月21日、学生大会が開かれ、新協議会メンバーが選出され、それから24日まで、４回にわたって、大学側と学生側との協議・討論が続けられ、最終決定は理事会に委託された。29日夜あけ、理事会は授業料値上げの決定を再度行い、大学における学園紛争は、一応の解決をみたのである[12]。

ドージャー院長を襲った学園紛争の嵐は、1969年に再度襲いかかった。1969年は、キリスト教主義大学が大きな試練に直面した年である。「日米安保条約」反対闘争を翌年に控えて、学生たちは授業料の値上げ反対、学生会館の学生による管理運営権の要求などをかかげて、学内闘争を展開し、あるいは、バリケードを築き、あるいは、入学試験の妨害を企てた。２月６日、関東学院大学工学部では、大学入試の試験場にヘルメット覆面学生が乱入し、入試を中止させるという事件を起こし、２月７日には関西学院大学に、８日には明治学院大学に、機動隊が導入される事件が生じた。２月15日の『キリスト新聞』は、次のように報道している。

> 紛争を続けるキリスト教主義大学に、ついに機動隊が導入された。２月７日、関西学院大学は、機動隊の警備のもとに入試を実施し、９日早朝には2,500人の機動隊が出動し、11か所を実力で封鎖解除、学生との間で激しく衝突した。一方、明治学院大学も、大学の要請で８日、約300人の機動隊が出動して封鎖された校舎のバリケードを撤去、占拠学生約200人を排除した。関西学院大学は、入試が終わる２月14日頃まで、機動隊の警備が続く。また、明治学院大学は、構内の自由な立入りを当分禁止し、警察隊の警備を依頼して、学生の再占拠を防ぐことにした[13]。

新入生を迎えて新学期が始まると、各大学では活発な学生運動が行われ始めた。沖縄の日本返還を求める「沖縄デー」が４月28日に設定され、沖縄返還と共に日米安保条約の破棄を求める社会・共産両党の統一集会が、東京お

11）「西南学院大学学長告示」（1968年２月）参照。

12） 古林輝久「本学における学園紛争の経過と今後の対策」『西南学院大学広報』（1968年４月８日号）、４頁参照。

13）『キリスト新聞』（1969年２月15日号）、１頁。

よび全国の大都市で開催されることになった。それに呼応して、1969年４月23日の午後、西南学院大学自治会は、学生大会を開き、「沖縄デー」における抗議デモと授業放棄を呼びかけた。しかし、学生は約650人しか集まらず、執行部の提案は否決された。それを不満とする過激派学生約20人（反日帝の中核派グループ）は、他大学の学生約30人と共にヘルメットと鉄の棒で武装し、その日の晩８時頃、西南学院大学で残業中の職員と２人の学部長をおどして追い出し、１号館の本部事務室を占拠して、ロッカーや机などでバリケードを築き、重要な設備器具を破壊し、さらに、院長室に侵入して、学院の建学精神の象徴であったC. K. ドージャー師の肖像写真を打ち砕いたのである[14]。日本人を愛し、西南学院の学生たちのために、真心を尽して愛と誠実を示してきたエドウィン・ドージャーにとって、敬愛する父の写真が破損されるという事件は、心臓に針を打ちつけられるような心痛を伴う出来事であった。

翌日の４月24日、1,000人の学生が大学に集合し、興奮のうずまく中で、25日に学生大会を開くことを要求する署名運動が学生の側から起こり、1,600人の学生がそれに応じた。一般学生は、暴力学生の一方的大学封鎖に対して強く反発し、自治会の執行部に対して、学生大会の開催を署名を示して要求し、説得した。ドージャーは、学生大会とそれ以後のことを、次のように書いている。

> 1,800人以上の学生が大学構内のチャペルにぎっしりとつまり、学生大会が開かれました。過激派の学生の主導権が否決され、バリケードは不当なものとして批難され、バリケード撤去が要求されました。そして、28日の沖縄返還を求める学生デモは決議されました。…（「沖縄デー」の日に）約1,600人の学生が市内の道路を行進しましたが、秩序を乱す暴力的行為は慎み、整然としたデモ行進を続けました。…大学のバリケード撤去に関しては、過激派学生は拒否しましたが、他の学生たちも撤去を手伝って、事無きを得ました[15]。

はからずも、院長として大学紛争の渦中に身を置いてきたドージャーは、

14) Edwin B. Dozier, "A Brief Statement Re Seinan Gakuin,"（unpublished paper）, May 1, 1969.
15) Edwin B. Dozier, "A Brief Statement Re Seinan Gakuin,"（unpublished paper）, May 1, 1969.

自分の命をながらえるために院長職から下りるべきであると、主治医から強く忠告された。一度、心臓マヒで倒れたことがあったために、医者がドージャーの身を案じたのは当然である。しかし、ドージャーは、大学にとっての重大な時期に退くことは、男として恥ずべきことと考え、むしろ、栄光の死の道を選ぶ決意を固めた。当時のことを回想して、医師C. F. クラーク（C. F. Clark）師は、次のように述べている。

> 宣教師への医学的カウンセラーとして、私は、ドージャー博士が、死に向かって急いでいることを強く感じていました。私は、彼の主治医と一緒に、西南学院院長としての地位から１日も早く下りるように強く忠告しました。しかし、彼は神に仕える仕事に誠実であることは、自分の命を救うこと以上に大切であると言うのです。神によって与えられている仕事を放棄して退いてしまうことは、死を回避した悪しき生存につながることを、彼は知っていたのです。それゆえに、彼だけができる仕事を忠実に実行して、彼は、ためらわずに死への道を突き進んでいったのです[16)]。

エドウィン・ドージャーの日本における最後の月は、大学理事会と共に始まった。理事会は西南学院の将来計画の構想を練り、また、大学第１号館の設備器具を破壊した20人の学生の処分について討議した。疲労感と心臓に感じられる重苦しさを覚えつつ、体に鞭を当てるようにして、彼は、５月４日の宣教師の会合に出席し、それから、再度の心臓マヒに襲われるまで、多忙な院長職の日程をこなしていった。宣教師 F. M. ホートン師によると、４月７日にアメリカ外国伝道局の東アジア地区の主事、ジェームズ D. ベロート（James D. Belote）師と面談するために東京へ発つ前に、ドージャーは「狭心症的痛みを少し感じる」と述べたという[17)]。

1969年（昭和44年）５月８日、妻メアリ・エレンは、寝室で休んでいた夫が呼吸困難に陥っているのを発見した。すぐに主治医が呼ばれ、診療と適切な処置により、危機を回避することができた。ドージャーは、医者に、翌日

16） F. C. パーカー宣教師から筆者への手紙（1971年２月15日）より。
17） F. M. ホートン宣教師からJ. D. ベロート博士への手紙（1969年５月10日）より。

の理事会に出席してよいかと尋ねたが、医者の答えはもちろん「否」であった。彼は、何とかしてその次の日の「学院創立記念日」の式典に出席したかったのであるが、それも断念し、日曜日の説教も控えることにした。

エドウィン・ドージャーの最後の日のことを、妻メアリ・エレンは、次のように書いている。

> 土曜日の朝、彼は、「心臓の痛みを全く感じないので感謝だが、左腕が少しこわばっているようだ」と言いました。まだ熱も高かったので、そのことを医者に報告しますと、主治医は抗生物質の薬を飲ませるように言いました。夫は、昼食をとりませんでしたので、午後、バナナを混ぜたジュースを与えましたら、おいしそうに飲みました。それから間もなくして、呼吸がよく出来ないから医者を呼ぶようにと言うのです。医者は「救急車をすぐ呼んで下さい。九州大学病院に入院する手続きをしますから」と言って、すぐに来て下さいました。夫は、救急車が着いたとき、ほっとした様子でした。「酸素で呼吸ができれば大丈夫だと思う」と夫は話していましたが、私も、救急車に乗りこんで様子を見守りました。病院について、すぐに検査が始まりましたが、エドウィンの容態が急に悪くなりました。私は、すぐに病室から出て、宣教団の福岡地区責任者に電話をかけて事情を知らせました。チャーリー・フェナーとフレッド・ホートンがすぐに駆けつけてくれました。…夜の10時頃、エドウィンは私に最後の言葉を語りましたが、彼が目を閉じた時、彼はもはやそこにはいないことを私は知りました[18]…。

ドージャー博士の心臓が地上での活動を休止したのは、1969年５月10日、午後10時45分であったと、心電図は記録している。病院の待ち合い室は暫くして、急を聞いてとんできた人々で溢れ、最悪の事態を覚悟していたものの、それが現実となって人々は悲しみに涙を流した。

告別式は５月11日（日曜日）午後３時、西南学院バプテスト教会で行われた。式場には人が入りきれず、多くの人々が場外で故人の死を悼（いた）んだ。告別

18）M. E. ドージャーから家族と友人への手紙（1969年６月18日）より。

式は、聖書朗読と祈祷を荒瀬昇牧師、故人の略歴紹介をW. M. ギャロット師、それに続いて、S・ハワード、L. G. フィールダー（Lennox Gerald Fielder）、C・フェナー（Charlie Worden Fenner）、F. M. ホートンの４宣教師が、「すべての労苦が終わるとき、…ああ、それはわが栄光の時」と歌った。告別説教者、尾崎主一師はテモテ第２の手紙４章６－８節を選び、「わたしは、すでに自身を犠牲としてささげている。わたしが世を去るべき時はきた。わたしは戦いを立派に戦いぬき、走るべき行程を走りつくし、信仰を守りとおした。今や、義の冠がわたしを待っているばかりである。かの日には、公平な審判者である主が、それを授けて下さるであろう。わたしばかりではなく、主の出現を心から待ち望んでいたすべての人にも授けて下さるであろう」という使徒パウロの言葉が、まさにドージャー先生の死を前にした心境であり、彼は主の召命に応えて、誠実に生き抜いた良き模範者であったと語った。

翌日の５月12日、親族たちは小倉の西南女学院「西南の森」に赴き、C. K. ドージャーの墓の隣りに、E. B. ドージャーの遺体を埋葬した。仮の十字架墓標には、「エドウィン・バーク・ドージャー、1908年４月16日生まれ、1969年５月10日死亡、「わたしにとっては生きることはキリストであり、死ぬことは益である」（ピリピ１・21）と記されている。妻メアリ・エレンは「正式の墓石には西南学院の学生に対してなした最後のメッセージ、即ち『神と人とに誠と愛を』という文字を刻みたいと思っておられるが、この言葉は、父、ドージャーの『西南よ、キリストに忠実なれ』というメッセージを、この世代に言い直したものです[19]」と述べている。

ドージャー博士を偲んで行われた西南学院大学主催の記念追悼会には、学院理事長であり、西南学院教会牧師であられた木村文太郎牧師が、式辞を次のように述べた。

> 院長の故E. B. ドージャー師の急逝に会い、何とも言えぬ心の痛みを今なお心の奥深く感じられます。…お亡くなりになり、九大病院で解剖を行ないましたが、担当医師の話では、「心臓部の環状動派に血液が詰っており、心臓は部

19）M. E. ドージャーから家族と友人への手紙（1969年6月18日）より。

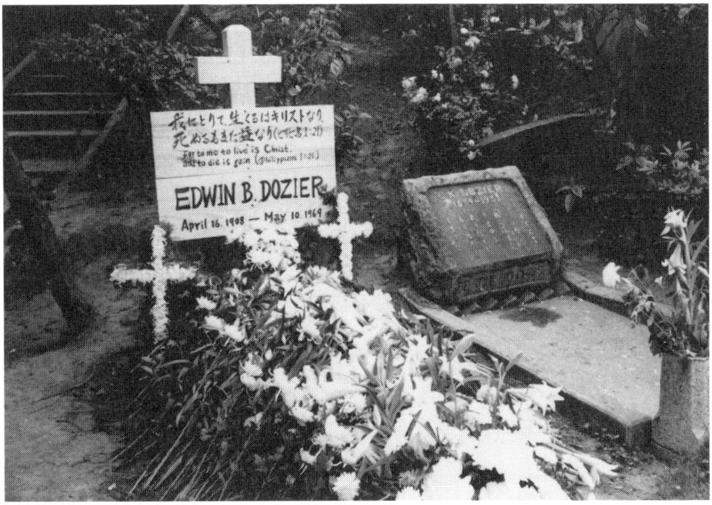

父C. K. ドージャーの隣に埋葬されたエドウィン（1969年）

分的に明らかに変質している。これは生きている人の心臓ではない。よく生きておられたものだ。どんなに辛く、苦しかったことでしょう」とのことでした。生きておられるような体調でなかったのに、なお生きなければならぬと、誠意を尽されたドージャー先生の学院に対する強烈な責任感を、私はそこに感ぜずにはおられませんでした。

お亡くなりになる数日前に、ドージャー先生は、古賀先生の病状を心配され、わざわざその主治医を訪ね、「古賀先生の状態はいかがでしょうか。心配でなりません」と、笑顔の中にも、古賀先生に対する愛情の限りを尽され、…どうしたら今一番古賀先生のためになるでしょうか、と尋ねられたというのであります。それを回想されて、主治医の先生は「宗教家というのは、自分の（心臓の）苦しみ、辛さを越えて、このような偉大な愛情に生きてゆくものなのでしょうか」と感嘆されたと承っています。これを考えると、ドージャー先生は、このような状態にありながら、西南学院を愛し、西南学院の教職員を愛し、西南学院に学ぶ学生の兄弟姉妹を心から愛して、その愛と責任において、ここまでこられたのだと言えるのではないかと思います。私はこのことを考えるたびに、心が締めつけられる思いがするのであります。ドージャー先生のことについて、色々な意見を異にする人がいるかもしれません。人が10人いれば、10の意見があるわけです。しかし、意見を異にしても、この愛情と責任感、そして、死力を尽して闘ってきたその精神的な態度、これは、尊い院長先生の遺産として、私たちは受け止めていかなければならないのではないでしょうか[20]…。

悲しみに沈む妻メアリ・エレンのもとへ、彼女を慰め、励まそうとする多くの見舞状が寄せられた。その中の１通は、大井バプテスト教会の大谷松枝さんからのものであった。

愛するミセスE. B. ドージャー、心の中にいつもおなつかしく忘れた事はございませんでした。けれど、毎日の忙しさにすっかり御無沙汰致しております中に、こんな悲しい事になり、申し上げる言葉を知りません。どうぞ御許し下さいませ。

E. B. ドージャー先生は、私共の教会の恩人です。大井を、500人の席をもつ教会堂にするよう、示唆を与えて下さったのは、先生でした。私共の教会のバプテスト加入を最も強く具体的に誘って下さったのも、先生でした。先生は、日本にとって大切な方でした。私共は先生の御親切に対して、どれだけの御報いをしていることでしょう。申しわけございません。先生は、戦後の日本バプテストの復興の親であり、日本伝道に尽した功労者であられます。宣教師の中でも、最も大きな働きをし、最も日本を愛して下さった方です。有難うございました。もっともっと日本伝道につくして頂きたかったのに、惜しい事をいたしました。残念でございます。

奥様の御悲しみを思うと、たまらない思いでございます。小林昌明先生が亡くなられた時、親身に力になって下さいました。そして、妻の扶美子さんと子ども達を助けて下さいましたことを、先生と奥様にあつく御礼を申し上げます。

思えば、偉大なことの数々が高く香って、私の心を打って来ます。先生の愛・気高い人格・信仰、私は、もう一度味わって、思いを深くしております。

20）『西南学院大学広報』（1969年７月７日号）、６頁。

福原静枝様の葬儀の時、皆があまり悲しんでいたので、先生は「聖徒の凱旋です。万歳と言いましょう」と、あの深い愛と同情の目を輝かせて、手を上げられました。ほんとうに懐しい先生です。その美しい印象は、私から一生去ることはないでしょう。一番私共に近い、親のように思われる方でした。

奥様の御慰めのため祈ります。どうか、元気をとりもどして下さい。どうか、先生の分まで主につくして下さい。

日本の恩人　E. B. ドージャー先生　有難う。

大谷　松枝

ミセス E. B. ドージャー様

第Ⅴ章　ドージャー博士の功績

1　日本バプテスト連盟への功績

1－1　宣教師として

エドウィン・ドージャーの日本バプテスト連盟に対する功績を考えるとき、その最たるものは、戦後、ただちに来日し、1946年から47年にかけて、東京を舞台に九州各地を駆けめぐり、連盟結成のために尽力し、日本バプテスト連盟の誕生を実現させたことにあると言えよう。在日宣教師の息子として日本語をマスターし、日本の習俗・習慣にとけこみ、日本人の思考様式や生活態度を十分に理解しながら、バプテストに属する日本人牧師たちと思いを1つにすることができたドージャーこそ、アメリカ南部バプテストの外国伝道局からの使節として派遣されるにふさわしい人物であった。使節としてのドージャーが、誠意・謙遜のにじみ出た態度で、救霊伝道に対する強い使命感を抱いて、日本におけるバプテストの力強い前進と広遠なヴィジョンをかかげて牧師および教会代表者たちに接したとき、彼らは、霊感を呼びさまされ、そして、連盟を新しく結成して、戦後を力強く再出発する希望と勇気を与えられたのであった。彼が祈りの中で熟考して用意した、使節としての力強いメッセージなくして、日本バプテスト連盟の誕生は困難であったと思われる。

旧西部組合系の16教会が、戦後すぐに、日本基督教団から離脱して連盟を結成した結果、連盟は、戦後の急成長をなしとげることができた。日本バプテスト同盟（北部バプテスト系）と比較すると、この事実は明らかになる。旧東部組合系の諸教会は、連盟より12年遅れて、1959年４月に、教団から離脱して日本バプテスト同盟を結成して再出発したのであるが、時すでに遅しと言えぬまでも、その後の力強い急成長はのぞめなかった。1970年に、連盟は、249の教会・伝道所、そして、信徒数21,260人にまで増加したが、同盟は、60の教会・伝道所と、信徒数4,617人にとどまった。チャールズ W. イーグルハート（Charles W. Iglehart）が、「戦後、日本のバプテスト教会において、南部バプテストが主導権をとっているようにみえる[1)]」と語っているが、両教団の教勢の差は、再出発の時期と関係があることは否定できない。

戦後、10年の間に、100人を超えるアメリカ南部バプテストの宣教師たちは、日本における福音宣教の意欲に燃えて次々と来日し、すでにエドウィン・ドージャーが確立していた日本人指導者とのスムーズな協力関係の下で、積極的に宣教活動に従事することができた。その背後には、ドージャーの並々ならぬ努力と宣教師たちへの配慮があったのである。このように、連盟の結成と日本バプテスト連盟の戦後の急成長は、エドウィン・ドージャーに負うところが大きかったと言うことができる。

第2の功績は、戦後、ドージャーによってもたらされた数多くの物質的恩恵である。元西南学院大学教授、大村匡氏が「わたしたちバプテストは、ドージャー博士に対して心からの感謝を表現せねばなりません。なぜなら、彼は、戦後、アメリカのバプテスト教会から送られてきた数多くの救援物資を、当時、物資的に窮乏の状態にあった主にある兄弟姉妹たちに分配する労をとられたからです[2)]」と述べておられるように、ドージャーは、戦後のバプテスト信者の窮乏を、一時的ではあっても、やわらげたのである。この事実を裏づける、ドージャー自身の手紙が残っている。

> 昨年、日本にお送りいただいた物資に対するお礼が、遅れてほんとうに申し訳ありません。昨年10月から今年の８月まで、私１人で日本におり、飛び廻っておりましたので、すべてのことに行き届かなかったことをお赦し下さい。私からの心からのお詫びと感謝とを、お伝えいたします。物資の数々が、どのように用いられたかを詳細に語りますと、１冊の本になる位ですが、中には面白い話も含まれています。ある箱は、離婚をくい止めました。いくつかの物資は、キリストへの回心に導くのに役立ちました。他のものは、嬰児の命を救いました。多くのものは、感謝の涙をもって受け取られました。すべての物資は、現在、日本の兄弟姉妹たちが直面している困難な生活に喜びをもたらしま

1）『キリスト教年鑑』（東京・キリスト新聞社、1970年）、405-406頁。
2）大村匡氏から筆者への手紙（1970年11月11日）より。

した。…重ねて、物資をお送り下さったことに対して、心からのお礼を致します。どうぞ、今後も多くのものを送り続けて下さい[3)]。

この手紙は、1947年に、ハワイのホノルルからノース・カロライナ州の友人たちに書かれたものである。

日本での大切な務めを果たし終えたドージャーは、1947年11月から1948年８月まで、約１年の休暇をとったのであるが、その間に、ドージャーは、戦時中に破壊されてしまった日本バプテストの諸会堂を覚えて祈り、新会堂建築のための建材獲得のために労苦した。休暇が終って、家族と共にハワイから日本に向かう時、ドージャーは、ホノルルで、喜びを満面に浮かべて、新聞記者に次のように語っている。「今回の帰米は、戦禍を受け、破壊された日本の教会再建の材料を注文するのが目的でしたが、東京に２つ、広島・八幡・福岡・鹿児島と他の１都市に１つずつ、教会を建てる材料を求めることができました。材料は、今年末に日本に送られる予定ですが、アルミニウム製のカマボコ型建物で、１建物が5,000ドルのものです[4)]」。戦時中の空襲で教会堂を失なった信者たちは、ドージャーの尽力によって与えられた大きな愛のギフトに対して、心からの感謝を覚えたのは言うまでもない。

第３に、福音宣教と教会形成の面における、E. B. ドージャーの功績があげられる。彼自身が開拓伝道の第一線に立ち、東京の恵泉バプテスト教会を形成し、福岡に移ると、1958年から65年に至るまで、田隈バプテスト教会の宣教師として教会を助け、1966年には有田（ありた）伝道所を開設し、開拓伝道への情熱を示し、神学部で教えながら、彼は、1969年に天に召されるまで、毎日曜日をこの有田伝道所で説教し、信者の群を守り、育てたのである。ドージャーの死後１年半経過した1970年11月15日、彼の労苦が実って新しい教会堂が建築され、献堂式が行われた。

宣教師としての第４の功績は、日本バプテスト連盟が結成されて間もなく、採択された「日本バプテスト連盟信仰宣言」を通しての功績である。戦後、1947年に連盟が結成された折り、エドウィン・ドージャーは、ハワイ・バプ

３）E. B. ドージャーから友人への手紙（1947年11月13日）より。
４）*The Hawaii Herald* [Honolulu], August 4, 1948, p. 1, col. 1.

テスト連盟の信仰告白（10箇条）を紹介した。そして、河野貞幹師と尾崎主一師がその翻訳を分担して訳出し、文章を洗錬し、「信仰宣言」を完成した。それが「日本バプテスト連盟信仰宣言」として採択され、現在も用いられているものである。ドージャーが紹介した信仰告白は、1943年に、ハワイ・バプテスト連盟が組織された際に起草された憲章の、第3章に該当（がいとう）するものであり、憲章の起草は、ドージャー自身によってなされたものである。ハワイ・バプテストの信仰告白が、ドージャーによって書かれたということ、また、その信仰告白が「ニューハンプシャー信仰告白」をモデルとして書き上げられたということは、ドージャーと、その当時、伝道の苦楽を分かち合ったマルコム W. スチュアート（Marcom W. Stuart）師の証言からも、明らかである[5]。

戦後、30数年の間に、多くのバプテスト教会が組織され、日本バプテスト連盟に加入したが、加盟申請書の中に、必ず加えられる各教会の信仰告白のほとんどは、「日本バプテスト連盟信仰宣言」をモデルとして書かれてきた。この「信仰宣言」は、実質的には、ドージャーの起草によるものであり、河野・尾崎両師の翻訳と若干の改定によって完成したものであると言えるから、日本バプテスト連盟に属する多くの教会が「信仰宣言」を通してドージャーの恩恵をこうむってきたと言うことができ、また、それは、忘れてはならぬ事実なのである。

1－2　説教者として

100人を超えるバプテストの宣教師たちの中にあって、エドウィン・ドージャーほど流暢な日本語で語ることのできた宣教師はなかったと言えよう。西南学院大学神学部教授、中村和夫師は、1950年にドージャー宅を訪ねたとき、彼の見事な日本語に度肝を抜かれたこと、また、日本語に秀でた宣教師は日本において優れた仕事をしてきたこと、そして、ドージャーは、その中でも群を抜いていたことを筆者に話された。

ドージャーの存在は、日本語を学び続ける宣教師たちにとっての努力目標

5）筆者とマルコム W. スチュアート師との録音対談（1978年6月7日）より。

であった。大阪で良い働きをされたA. L. ギレスピー宣教師は「ドージャー師は、日本語において卓越していましたが、彼の人を包む温かい態度が、わたしたちに日本語習得に励む力を与えてくれたのだと思います[6]」と述べ、カーティス・アスキュー宣教師は、「エドウィンは、日本語の自由自在の駆使と伝道への情熱で、わたしたちをふるい立たせてくれました[7]」と述べている。日本人・外国人宣教師を問わず、ドージャーの日本語能力が抜群であったことは、だれしも認めるところであった。実際、「英語より日本語の方がより自然に、また、早く、彼の意識に現われるのでした[8]」とジョイ・フェナー(Joy Fenner) は書いている。

ドージャーの日本語が優れていたということは、有能な説教者としての資質が備えられていたことを意味した。それゆえに、彼は、多くの教会や学校での説教に招かれた。毎年、クリスマスの季節に書かれた「ドージャー便り」は、春・秋の特別伝道集会の時期に、彼が説教者としていかに忙しい週末を過ごしたかを物語っている。また、福岡在住の時、彼は板付とブラディの空軍基地のアメリカ人に対しても説教にでかけ、さらに、幼稚園の母の会での講話にも応じていたことが分かる。西南学院大学神学部教授、R. H. カルペッパー (Robert Harrell Culpepper) 師はドージャーを回想して次のように語られた。

> エドウィンは、福音説教家として驚くほど能力のある人でした。そして、日本人教会・伝道所だけの特別伝道集会では、慣用語を巧みに用いながら、美しい日本語で語り、日本人の心にキリストの恵みを伝えました。彼が確信に基づいて宣教したことを疑う者はおりませんが、彼は、キリストに人が出会うとき、信仰の決心が与えられることを信じていました。私たちは、主イエスが、いかに彼を用いて、多くの魂を勝ち得られたかを思い起すのです[9]。

---

6) A. L. ギレスピー宣教師から筆者への手紙 (1971年1月27日) より。
7) カーティス・アスキュー宣教師から筆者への手紙 (1971年1月21日) より。
8) Joy Fenner, "Edwin Dozier, A Life Lived," (unpublished paper), n. d.
9) R. H. カルペッパー博士から筆者への手紙 (1971年2月6日) より。

1950年から75年まで、日本で宣教師として働かれたメルヴィン J. ブラッドショー（Melvin J. Bradshaw）師も、同じように述べている。

> 彼は、説教者でした。彼は、説教を愛し、力強くまた、人の心に迫る方法で、語りました。彼は「救いに至らせる福音の力」を、心の底から信じていました。そして、その福音を、講壇から語ったのです。彼は、グッドニュースを人々に分かつという意味での、福音宣教の機会を逃がそうとはしませんでした。ある時、告別式の説教で、確信に満ちて語ったところ、故人の父親は、その日にキリストを受け入れ、信じる決心をしたのです[10)]。

その父親こそ、大井バプテスト教会の福原武氏であり、ドージャーがキリストのもとに召された時、福原氏は、彼を偲(しの)んで、「私は長女の告別式において、ドージャー博士がクリスチャンの生涯について説教された時のことを、けっして忘れることはできません。その説教は、私の全生活を変え、私の残りの人生を、キリストのために捧げようという決心に導いたのです[11)]」と書いている。

説教者ドージャーは、多くの魂を回心に導くことを通して、日本バプテスト連盟の諸教会に貢献した。彼は単なる日本語の上手な説教者であったのではなく、非常に謙遜であったゆえに、神に大きく用いられた優れた説教者であったと多くの人は語るのである。彼の謙遜なクリスチャンとしての人格は、日毎の聖書研究と祈りからにじみ出たものであった。妻メアリ・エレンは、「エドウィンがどんなに神の言(ことば)を愛したかを、私は知っています。彼が聖書を読まないで過ごした日は、ありませんでした。彼は、主に従順に従って歩むことのみを願って、生き続けました[12)]」と語っている。

1－3　教授として

エドウィン・ドージャーは、1958年に、西南学院大学神学科の専任教授と

10）M. J. ブラッドショー宣教師から筆者への手紙（1971年２月３日）より。
11）福原武氏「エドウィン B. ドージャー博士を偲びて」（1970年５月20日）参照。
12）Joy Fenner, “Edwin Dozier, A Life Lived,”（unpublished paper）, n. d.

なり、1969年に召天するまで、伝道学、教会管理学、説教学を神学生たちに教えた。R. H. カルペッパー教授は、つぎのように述べている。

エドウィンについて考えるということは、伝道について考えることと重なります。なぜなら、福音の光を全日本へ、という日本バプテスト連盟の目標に対して、彼以上に、積極的にかかわった宣教師はいなかったからです。神学科教授会が、伝道学と実践神学を教える人材を考慮し、検討しました時、すぐにエドウィンの名前があげられたのは、不思議ではありませんでした。エドウィンが伝道について熟知し、効果的な伝道を実践してきましたので、彼は、伝道学を教える教師として選ばれたのです[13)]。

神学科で教えながら、ドージャーは、実践神学を軽視する傾向のある神学生の態度に直面した。日本では、一般的に言って、学びの重要度において聖書神学と組織神学を第１に、歴史神学を第２に、実践神学を第３に考える傾向があり、伝道学は、教会形成のために必要な知恵を提供する課目であっても、学問的ではないと軽視されてしまう問題があった。

ドージャーは、伝道学を学問的にも深いものとするために、伝道学の教科書を書く決心をし、その中に、原理と実際を展開しようとした。数年かかって教科書は、英語で書き上げられ、1963年にヨルダン社から *Christian Evangelism: Its Principle and Techniques*（『キリスト教伝道学・その原理と技術』）という題で出版された。ドージャーは、その序文の中で、次のように述べている。

伝道学は、知的にも尊重されるべきものであり、もし、それが真剣に受けとめられるならば、最善の努力をわれわれに要求する学問である。激変してゆく世界の中にあって、最も効果的な方法で福音を提供するためには、たえざる研究と明確な概念規定をめざさなければならないゆえに、伝道学は最も厳しい神学的作業の１つなのである。…伝道学を欄外において考える牧師や伝道者は、

13）R. H. カルペッパー博士から筆者への手紙（1971年２月６日）より。

平凡で、非効果的な伝道しかできぬ者であり、キリスト教の勝利に基づく力と喜びを欠く者である。…聖書の組織神学的研究、一般神学と関連的学問の研究だけでは、効果的な福音の伝達は、不可能である。福音の伝達は、人間生活とキリスト教そのものに関する、多くの面の人間理解を、必要とするのである[14)]。

この教科書において、ドージャーは、伝道の定義、聖書の時代および聖書編集後の伝道史、伝道の神学と心理学、伝道者とその使命の研究を掘り下げている。ドージャーは、イエス・キリストから輝き出る愛の光こそ、伝道の神学の中心であると述べ、回心経験のプロセスを巧みに論じ、個人の意志・行動に影響を与える心理的要因を、聖書時代と現代社会との関連の中でまとめている。そして、霊的資質とメッセージの内容に焦点を合わせ、伝道者の問題性をえぐっているのである。優れたテキストであったが、英語で書かれたために、クラスで用いることはできなかった。この書物が良き翻訳者を得て訳出されるならば、日本の実践神学界に貢献することであろう。以上のように、ドージャー博士の教授としての功績は、英語で書かれた教科書および論文において、また、講義を通して、神学生に与えた神学的感化において見ることができる。

1－4　院長として

エドウィン・ドージャーは、1965年11月1日、西南学院院長に就任した。院長職を務めながら、彼は、現代社会の矛盾から生じてくる多くの問題に直面した。財政規模が拡大しつつ発展してゆく学院にあって、創立の理念や精神に対して無関心な学生の問題にぶつかった。現代の教育は、神と聖書の原理を、人間と人間の標準に置き換えつつあることを、彼は洞察していた。キリスト教主義の学校であることの意義と使命を考えるとき、彼は、「キリスト教主義」という看板を下ろすべきではないかという問いに正しく答えることが、院長としての責任であると考えた。

---

14) Edwin B. Dozier, *Christian Evangelism: Its Principle and Techniques*（Tokyo: Jordan Press, 1963）, p. vii.

世俗都市化していく現象の中で、「キリスト教主義」という形容詞が、大学の前に置かれることは妥当であるかと、ハーヴィ・コックス（Harvey Cox）は、著書『世俗都市』の中で、次のように問うている。

> 「キリスト教の」という形容詞は、天体観測所や実験室につけられないのと同じように、大学に対してもあてはまらない。中西部に点在している、いわゆるキリスト教主義大学のうち、ただ1つも、カタログの中で「キリスト教主義大学」という意味の、曖昧な名前を保持して行くために納得できるような、神学的基盤を支えることができないのが現状である。キリスト教主義大学と呼ぶためのすぐれた伝統的対外関係、あるいは、感傷的な理由のあることは認めるとしても、神学的理由は何1つ存在しない。そのような大学が、牧師たちによって始められたとか、教授や学生たちの中に、かなりの数のキリスト者がいるとか、チャペルに出席することが求められているとか（いないとか）、その経費の一部を教会教派が支払っているとかいう事実があるが、しかし、このような要因のうち、どれもがキリスト教という、聖書がキリストの弟子たちだけに使った言葉を、それも極めて控え目に使われた言葉を、1つの機関の形容詞として、レッテルに使う基盤にはならないのである。アメリカにキリスト教主義大学を展開させるという考えは、いわばその出発以前に破産していたのである[15)]。

コックスのこのような見解を批判しながら、「人間とは何か？人間の運命とは何か？そして、人生に真の意味があるか？という基本的な問いに対して、答えることができるのは、キリスト教主義大学のみである」と、ドージャーは述べる。キリスト教主義大学は、神、人間、そして、歴史に関する独自の見解を示しながら、20世紀後半の、急速に増大してゆく知識の中で、人間の根本問題に対して積極的に解答する必要があると、彼は主張して、次のように述べている。

15）Harvey Cox, *The Secular City*（New York: The Macmillan Company, 1965), p. 221. H・コックス著『世俗都市』（塩月賢太郎訳、東京・新教出版社、1967年）、327–28頁。

キリスト教主義の人文科学系の短大および大学は、何の弁解もなしに、(1) 人間の経験における神の実在性、(2) 宇宙の支配者である創造主によって与えられているすべてを包含する霊的法則の認識と受容、(3) 神の最高の被造物としての人間、(4) 機会平等の下に兄弟として生まれているすべての人間、(5) 神が干渉されることのない選択の自由を備えた人間の霊性と尊厳、(6) 父と子、あるいは、その反対の関係と類似した人間の神に対する関係、(7) 人と人、人と神を和解させるために来られた完全な模範としての神の御子イエス・キリスト、を主張すべきである[16)]。

ドージャーは、院長としての在任中、たえず、西南学院大学の学生たちが、人間の霊的、精神的事柄に目覚め、真剣に追求するように訴えた[17)]。妻メアリ・エレンは、夫の死後、彼を記念してもたれた西南学院同窓会主催による集会で、ドージャーの教育観について、次のように語られた。

科学技術が高度に発達するにつれて、人々は、宗教や哲学を、今の時代にそれほど重要でないもの、また、無関係なものとして、過小評価するようになりました。エドウィン・ドージャーは、教育の目的は、知識や技術ばかりではなく、人間に知恵を与えることであると考えておりました。知識は、力とはなりますが、それが知恵によって、飼い慣らさなければ危険なものとなりうるのです。信仰、あわれみ・神・人間の魂という事柄は、客観的に証明できるものではないと知っておりましたので、ドージャーは、愛の精神と愛の行為に生きることを通して、それらを実証しようとしました。

ドージャーは、教育というものが、魂の改良に最大の関心を示すことだという、ソクラテスの見解に賛同しておりました。そして、「われは道なり、真理なり、命なり」と言われたイエス・キリストが、人々にいずこにあっても真理を探求するように招いておられることを信じ、西南学院がこのことを悟り、イエス・キリストに従うようにと祈っておりました。

---

16) Edwinw B. Dozier, "The Heritage of the Protestant Liberal Art Education," *Studies in Literature and Science*〔『西南学院大学文理論集』〕, VIII (March, 1967), 14.
17) 『西南学院大学広報』(1967年12月6日号、1968年7月4日号、10月11日号) 参照。

西南学院の教育が、魂の改良に結びつき、イエスの教えに従うものであるならば、学校の中に、必然的に自由を尊ぶ校風が興されるでありましょう。エドウィン・ドージャーは、人間にはもともとこうした自由をつくり出す力はないと信じていました。「真に自由な人間は、永遠の真理に立たねばならない。この真理は、人生に基本的な意義と独創性と永続的な価値を与えるものであり、また、知的純粋性と真理に対する尊敬と献身によって、勝ち得ることができる」と彼は考えていたのです…。

西南学院の偉大さは、学校の指導者たちの高潔な精神にあります。ドージャーは、講義こそ学校の中心であると信じていました。教師が教室で何を語ったかを、学生たちが忘れてしまったとしても、理想と真理探求のために献身している教師の、きわだった姿は忘れることがないでしょう。ドージャーは、偉大な教師とは、「ひろくかつ深遠な知識と学識を有し、学生たち１人１人の人格を、聖なるもの、かけがえのないものとして尊び、学生たちが倫理的に完全なものとなるため、また、有意義な仕事を達成できるように、励まし導くことができる人である」と定義しておりました。事実、ドージャーにとって学生は、１人１人がかけがえのない人格をもった学生でありました[18]…。

エドウィン・ドージャーの院長としての貢献は、世俗化してゆく現状の中にあって、西南学院の精神的基盤と理想をたえず語り、明確にしていったことの中にある。そのために、ドージャーがいかに努力したかを、元西南学院バプテスト教会牧師で、当時、西南学院の理事長であられた木村文太郎師は次のように述べておられる。

ドージャー先生が院長に就任されたとき、理事会の席上において、私は２つのお願いを申しました。その１つは、学院の中には、大学・高校・中学・幼稚園・保育所などがありますが、これらを孤立させることなく、互いの意志を疎通せしめて、１つのうちに連帯させ、１つの西南なのだという一体感を作り出してほしい。それを院長先生の１つの仕事にしていただきたいということでし

18) Mary Ellen Dozier, “What Was Edwin Dozier’s Philosophy of Life and Education ?” (delivered by her on May 9, 1970, at Seinan Gakuin University).

た。他の１つは、各学校にはそれぞれ校長・学長がいて、教育の働きをし、学校の行政を担当しています。院長先生は、そうではなく、創立者の意志を受け継ぎ、学校の隅々にまで西南がキリストに忠実なる学校であるという、その信仰的精神が浸透するように、お働き願いたいということでした。私は、院長先生がその言葉を例の柔和な笑顔でお聞きになり、頷かれておられたのを想い出します。学院長になられてから、ドージャー先生は、院長としての責任を感ぜられ、その方向に必死の努力を惜しまれませんでした[19)]。

園長を務めた舞鶴幼稚園の運動会で挨拶するエドウィン（1961年）

エドウィン・ドージャーの、院長としての第２の功績は、西南学院大学を国際的交流の場とする道備えをしたことである。ドージャーの死後、彼の遺した書類が整理されたのであるが、その中で世界の諸大学との国際交流を具体的に計画していたことが明らかになった。アメリカ、香港、フィリピン、その他の国々のバプテスト系諸大学からの手紙が発見され、その中には、学生と教授の交換を望む具体的な計画もあった。

新しく学長に就任した船越栄一教授は、ドージャー前院長の遺志を受け継

19）木村文太郎「記念追悼会式辞」『西南学院大学広報』（1969年７月７日号）、６頁。

ぎ、1970年6月、学長の非公式な諮問機関として、「国際交流推進委員会」を設け、諸外国の大学との交渉を開始した。一方、早稲田大学・上智大学・国際基督教大学・明治学院大学など、既に国際交流をはじめている諸大学の実情調査が行なわれ、交換留学生制度と共に、交換教授の可能性についても検討がなされた。1971年2月になると、国際交流推進委員会は正式な機関としての「国際交流準備委員会」にバトンタッチされ、予算措置もなされて、アメリカのベイラー大学とニューヨーク州立大学との国際交流の可能性が具体化されていったのである。

船越栄一学長と大内和臣教授（国際交流実行委員長）の積極的努力が実り、1971年秋、ニューヨーク州立大学へ2人の学生が送られ、72年には、ベイラー大学へ4人、ニューヨーク州立大学へ2人が留学生として派遣された。ベイラー大学は西南学院大学の姉妹校となり、71年には、商学部の平田正敏教授が交換教授としてベイラー大学に赴き、ベイラー大学からは、C. T. グッド（Clement Tyson Goode, Jr.）教授が派遣されて来校した。

1973年には、アメリカのロードアイランド大学とフランスのグルノーブル大学とカン大学が、国際交流を行う大学として加わり、その結果、アメリカへ8人、フランスへ2人の学生が留学し、それら5大学から10人の留学生が、西南学院大学に新しく設けられた留学生別科で学び始めた。1975年になると、国際交流大学はさらに2校増えて（ワシタ・バプテスト大学、ウィリアム・ジュウエル大学）7校となり、西南学院大学から16人を送り、アメリカ、フランスから17人の留学生を迎えるまでに至った。1977年には、アメリカの7大学とフランスの2大学となり、20人の交換留学生を迎え、西南学院大学から17人の学生が1年の留学の途についた[20]。交換留学生制度と共に、交換教授制度も軌道に乗り、国際的交流の基礎が固まっていった。

このように、年毎に強化されてゆく国際交流は、国際的視野に立って思考し、人間みな兄弟姉妹という感覚を養い、国際的場所で奉仕し、活躍する人材育成のためには、なくてはならぬものである。ドージャー前院長の幻が、

20）『西南学院大学広報』（1970年12月15日号、8頁。1971年7月3日号、4頁。1972年11月24日号、1－2頁。1973年4月10日号、6頁。7月20日号、2頁。11月9日号、2頁。1977年7月1日号、4頁。11月9日号、2頁）参照。

このように具体的に実現していることを知るとき、留学の恩恵にあずかった学生たちは、ドージャー博士の国際的ヴィジョンに対して恩義を覚えるべきであろう。

2　日本バプテスト宣教団への功績

2－1　宣教団の会計係として

ドージャーは、戦後、急速に人数が増加していった日本バプテスト宣教団にあって、会計係として働いた。1951年以来、宣教師として活躍中のF. C. パーカー師は、ドージャーが宣教団の組織と機構づくりの際、重要な役割を果たしたことを指摘し、第二次世界大戦後、来日する宣教師たちがより良く生活に適応できるように備えをし、必要なものを入手する配慮から、土地の購入、宣教師館の建築、法的手続きに至るまで、面倒を見た功績を述べている[21)]。

ドージャーは、自分の思うとおりに若い宣教師たちを動かすこともできる立場にあったが、彼は、独裁的方法を一切避けて、宣教団を導いた。1946年から76年まで、30年間働いた宣教師A. L. ギレスピー師は、次のように、ドージャーの民主的姿勢を高く評価している。

> 戦前の経験と彼自身の能力から察して、エドウィンが多少なりとも宣教団を牛耳(ぎゅうじ)ったり、政策決定を支配したりしたとしても、不思議ではなかったのですが、私たちの想像に反して、彼は、いつも皆と一緒に考え、決定し、皆が受け入れた規定に従って行動することに徹しました。エドウィンが初めて日本に来た時、宣教団の実務は、新任宣教師の感情など余り考慮しない老齢の宣教師によって管理されていたのです。しかし、エドウィンは戦後、新しく赴任した年若い宣教師たちを全面的に信頼し、彼らが宣教団の仕事と機構に進んで参与できるように配慮し、また、努力しました[22)]。

パーカー師も、同じ意見を、手紙の中で書いている。「ドージャーは、わた

21) F. C. パーカー宣教師から筆者への手紙（1971年1月24日）より。
22) A. L. ギレスピー宣教師から筆者への手紙（1971年1月27日）より。

したち若い宣教師にも、わたしたちが直面している諸問題を、一緒に討議する機会を与えてくれました。そして、わたしたちが自分で解答を出すまで待ち、必要な時には知恵を分かち、けっしてわたしたちを支配しようとはしませんでした。ですから、わたしたちは、早く成熟できたのだと思います[23]」。

2－2　助言者として

1948年以来の宣教師であり、西南学院大学で社会学を教えてこられたJ. W. シェパード（John Watson Shepard, Jr.）教授は、「ドージャー博士のなした重要な貢献の1つは、日本で伝道を開始したばかりの若い宣教師たちに対する、個人的な助言と励ましであったと思う[24]」と述べている。ドージャーは、自ら喜んで、新任宣教師たちへのオリエンテーションの役を引き受け、彼らに助言を与えた。1949年から74年まで、宣教師として奉仕したD. C. アスキュー（David Curtis Askew）師は次のように手紙に書いている。

> 私は日本のことはほとんど何も知らずに、1949年に日本に到着しました。そして、日本をキリスト教化したいという情熱に燃えておりました。多くの宣教師が感じていたように、「今こそチャンス」と思っていました。私たちの側には、征服者のような気負いがあり、自分たちの方法で、自分たちの目標を達成しようとする意気込みがありました。しかし、エドウィンのみが、このような態度は、致命的な誤ちに陥ることを知っていたのです。彼は、日本人が心に隠して言い表わさないけれども、プライドも感情も意見も持っていることを知り抜いていたのです。もし私たちがあの時、日本人を威圧し、表面上うまくやってゆき、成功しているかのように考えたとしたら、日本人の感情は傷つき、将来に悪感情の根を深くはらませてしまったと思うのです。ドージャーは、多くの誤ちを犯さないように、私たちを守ってくれました。日本人の本当の性質に関する知識を分かち、より良い方向へ導くエドウィンの知恵なくして、私たちは、日本にあってどれだけのことができただろうと今になって思うのです[25]。

23）F. C. パーカー宣教師から筆者への手紙（1971年1月24日）より。
24）ジョン W. シェパード博士から筆者への手紙（1971年1月22日）より。
25）カーティス・アスキュー宣教師から筆者への手紙（1971年1月21日）より。

1954年から77年まで、宣教師として京都を舞台に活躍したトム・正木（Tomoki Masaki）師は、ドージャーから受けた忠告を、次のように語っている。

「トム、私たちが主に仕えるという考えにおいては、積極的・攻撃的であってもかまわない。しかし、日本人同労者による抵抗の壁にぶつかった場合には、自分のやり方を押し通そうとしてはいけない。しばらく待って、もう一度試みてごらんなさい。それが良い考えならば、放棄してはいけない。最後には、彼らは分ってくれるでしょう」。換言すれば、エドウィンは、日本の同労者を背後に置くことなく、彼らと共に働けと忠告してくれたのです。日本に15年いて、日本人同労者と仕事をするうちに、まさに彼の言葉の重要性が分かるようになってきました。私は、日本においてそのような協力関係を樹立してくれたエドウィンに対して、心から感謝するのです[26)]。

アスキュー師と正木師の記述は、戦後、彼らが宣教師として来日した当時、戦勝国からの福音伝道者として、いかに勢いこんで日本に来たかという心境を物語っている。日本人同労者を顧みずに、独走してひっぱってゆこうとした気負いがあったのである。しかし、ドージャーは、彼らの先走りにブレーキをかけ、彼らの悔いと悲しみから救ったのである。しかし、ドージャーの助言をなかなか理解できなかった宣教師たちがいたとしても不思議ではない。B. P. エマヌエル（Beverley Paul Emanuel）宣教師はその１人として次のように述べている。

エドウィンは、アメリカ人としてよりも、日本人として思考しました。彼は、日本人特有の「否」と言いきれない躊躇を示しました。それゆえに、まだ幼ない日本バプテスト連盟の要求することは、皆受け入れました。彼はまた、今日まで継続してきた宣教団の基本方策を樹立しました。その方策は、殆んどの場合、健全でありましたが、時には、もっと攻撃的立場をとるべきだったと

26）トム・正木宣教師から筆者への手紙（1971年２月３日）より。

思います。

1950年代には、わたしたちは、野心的とも思える目標をかかげることができました。そして、それは実現可能であったでしょう。しかし、エドウィンは、日本人牧師がそのような大計画に違和感を覚え、避けるべきだと考えたと同じように考える傾向がありました。そして、彼の宣教団における影響力と外国伝道局との関係が大きかったので、私たちは、真に偉大な目標をかかげることはできませんでした。わたしたちの目標は、すべて達成されなかったことは事実ですが、わたしたちの失敗は、大きすぎる目標をかかげず、不可能と思われるようなことに挑戦し、試みなかったことであると思います[27)]。

エマヌエル師の気持はよく分かるが、彼は、ドージャーの心をよく理解していなかったように思われる。ドージャーは、いわゆる「宣教師の教会」を日本に建設することを極力避けたのである。彼は、「日本に土着した教会」の形成を願い、宣教師たちが日本人伝道者を背後において先走りしたり、あるいは、自分の思うように日本人を動かそうとする誘惑を戒めたのである。そうすることは、結果的には、日本人の宣教意欲を損ない、自立的かつ独創的教会形成力を育てないことを知っていたからである。それゆえ、「いつも共に」という関係を強調したのである。そういう意味で、ドージャーの助言は、正しかったと言えよう。

1950年以来、福岡を中心に活躍したF. M. ホートン宣教師は、日本バプテスト宣教師会でのある晩のことを回想し、「だれが自分たちの宣教師としての生き方に決定的な影響を与えたかを問われたとき、その部屋にいたほとんどの人が、E. B. ドージャー夫妻との出会いの感謝を述べ、この素晴しい夫婦に、神が与え給うた特別の祝福を語り合った」と述べているのである[28)]。

2－3　宣教団と連盟のかけ橋として

ドージャーは、宣教団と連盟との間をつなぐ、かけ橋としての重要な役割

27）B. P. エマヌエル宣教師から筆者への手紙（1971年1月23日）より。
28）Fredrick M. Horton, “Edwin B. Dozier（1908-69),”（unpublished paper), n. d.

を果たした。彼は、戦後の宣教師と日本人バプテストの間に立って、両者が互に理解し、感謝し合うような関係づくりに力を注いだ。彼は、宣教師活動の未来は、長期間の相互信頼の上に成立することを知っていた。日本バプテスト宣教団が、連盟との間に、他の国々では見られない信頼関係を築くことができたのは、彼の指導によるのだと、宣教師たちは考えている。宣教師メルヴィン・ブラッドショー師は、ドージャーの考えを、次のようにまとめて述べている。

エドウィン・ドージャーは、次の点を強調しました。

（1）宣教団と連盟の関係は、「われわれ関係」であって、「われわれ――彼ら」関係ではない。目的と召命において、私たちは1つだからである。宣教団も連盟も別個の自治組織であるけれども、私たちのもつ共通の仕事が、「われわれ関係」の交わりを可能とするのである。2つの団体は、相対立するものとしては、けっして考えられてはいけない。

（2）宣教団の目的は、神の国建設である。重点は、宣教団でも連盟でもなく、福音の宣教と御国建設であり、その目的に、私たちは共に参与しているのである。宣教師も、日本の兄弟たちも、互に支配することなく、使命を全うすることにおいて自由でなければならない。その表現において、時折り相違はあっても、私たちは1つの愛、1人の主、1つの召命をもっているのである。宣教団も連盟も、互に宣教師や日本人クリスチャンを支配することをしない。両者は、はじめから交わりと協力のために必要なのであり、個々の信者や教会の仕事を監督するために必要なのではない[29)]。

R. H. カルペッパー宣教師は、

私が最初に出席した宣教師会は、1951年の夏、東京のチャペル・センターで行われました。私がよく記憶していることは、エドウィンが立ち上って、目に涙を一杯浮かべながら、日本人の立場からものごとを見るように訴えた姿で

29）M. J. ブラッドショー宣教師から筆者への手紙（1971年2月3日）より。

す。その時、彼は、新しく赴任した宣教師の立場に立って問題性を理解してくれるように、日本人にも訴え続けてきたことも話してくれました。エドウィンの仲介者としての愛の労苦により、宣教団と連盟との間の多くのごつごつした問題が、なめらかになって解決していったように思います[30)]。

と述べている。また、1957年以来の宣教師、ジョイ L. P. フェナー女史は、「ドージャーの生涯は、2つの文化をつなぐ橋としてのそれであり、彼は、アメリカ人でありながら、日本人でもあり、一方を他者に、両者の精神と心を的確に摑みながら、通訳することのできた人物でした[31)]」と語っている。

ドージャーのかけ橋としての業績は高く評価されるべきであるが、神と人間とのかけ橋、仲保者となろうとされたイエス・キリストが苦難の道を歩まれたように、ドージャーの心にも苦悩の軌跡があったのである。2つのもののかけ橋となる人間が宿命的に負わねばならぬ苦しみを洞察して、木村文太郎師は、次のように述べられた。

私は、一般的に、E. B. ドージャー師は苦しい中で活動して来たと思いますが、その苦しさの1つは、彼は2代目の日本生まれ・日本育ちだということです。このことは、彼の英語にもあらわれていますが、日本人がよく理解し、親しみを感じますので、日本的であろうとする。それだけ、米国人的でなくなる傾向があるので、日本人ではない、米国人でもない、そうした板ばさみの中で、色々と考え、行動し、計画して来たという点です。これが私によく見えて、時には痛々しいほどでした[32)]。

このドージャーの苦悩こそ、良き仲介者としての特質をなすものであったのである。

30) R. H. カルペッパー博士から筆者への手紙（1971年2月6日）より。
31) Joy Fenner, “Edwin Dozier, A Life Lived,”（unpublished paper）, n. d.
32) 木村文太郎師から筆者への手紙（1970年9月12日）より。

2－4　著者として

エドウィン・ドージャーは、アメリカのクリスチャンのために２冊の本、即ち、*A Golden Milestone in Japan*（1940年）と*Japan's New Day*（1949年）を書き、出版した。両著ともブロードマン社から出版されているが、前者は、1889年から1940年に至る日本における南部バプテストの伝道の歴史を書いたものであり、後者は、南部バプテストの伝道地である日本の政治・経済・文化、また、宗教の実際を紹介しつつ書いたものである。これらの本は、日本に関心のあるアメリカのクリスチャンたちに読まれ、日本の伝道に対する関心を呼び起こした。

アメリカの一般クリスチャンのために書かれたドージャーの書物は、日本に赴任した宣教師たちにとっても、大変有益な書物であった。F. C. パーカー宣教師は、「この２冊の本は、私たちにとって最も有益なものでした[33]」と語っているほどである。ドージャーははからずも著作を通して、年若くて日本について何も知らない宣教師に対して、良き道備えをしたのである。1933年から76年まで、日本のために生涯を献げた宣教師、A. グレーヴス女史のドージャーについての記述は、この章を閉じるのにふさわしい文章であろう。

> エドウィンを知った人は誰でも、神様がお造りになった丁度そのままに彼が生きたのではなかったかと思うのです。彼は、あたかもバラのつぼみの先端にきらりと光る露のしずくのように、春風にのって散りゆく桜の花びらのように、また、海に向かって流れてゆく小川のさざ波のように、神様のみ旨に従って、調和とリズムの中に生きたのでした[34]。

33）F. C. パーカー宣教師から筆者への手紙（1971年１月24日）より。
34）A. グレーヴス女史から筆者への手紙（1971年２月６日）より。

おわりに

最後に、日本におけるバプテスト教会の歴史という視点から、エドウィン・ドージャーの存在意味を問うならば、ドージャーは、日本バプテスト連盟の結成に貢献し、戦後、約25年の間、新しく誕生した日本バプテスト連盟に対して、父親のような愛情を注いだという一語に尽きるであろう。４分の１世紀の間に、日本バプテスト連盟は、莫大な愛の援助を要する幼児期から少年期を経て、独立独歩を志向する青年期にまで成長した。その間に、E. B. ドージャーをはじめ、多くの優れた宣教師たちの汗と涙が流されたことは、忘れてはならないことである。

1970年を頂点として、連盟が直面した数多くの問題は、依存的体質から脱皮して独立に向かう過程において、必然的に生じたものである。エドウィン・ドージャーの死は、連盟の少年期の終わりを象徴しているように思われる。

依存を排して独立をめざす青年としての連盟は、その前途に横たわる数々の困難に直面しなければならない。世俗化してゆく社会の中にあって、問われる難解な問いにも勇気をもって解答してゆかねばならない。他方、宣教団も、病院の医師、ミッション・スクールの教師、教会における教育主事・音楽主事など、特別な才能を発揮できる宣教師たちは別として、日本での福音伝道と教会形成のみを使命とする宣教師の数が減少してゆく傾向に直面せざるを得ないかもしれない。このような流動的な時期におけるエドウィン・ドージャー師の天国での祈りは、連盟と宣教団が「われわれ関係」を固く維持し、１つの使命と愛と信頼の中で、互に他者を支配しようとはせず、1,000の教会を生み出すために力を合わせることであり、また、連盟がイエス・キリストの命令に従って、世界伝道という幻と使命感を強化してゆくことであろう。

青年の特質は、若さと力であるが、青年は、老人の知恵に謙虚に耳を傾けず、自己の力を過信するという傲慢の罪を犯す危険を宿している。青年期に達した日本バプテスト連盟は、経済的自給独立をめざしながらも、世界の伝道の歴史を謙虚に学び、特に、仏教文化圏の中にあって伝道しているアジア諸国の教会形成に目をとめ、キリスト宣教における連帯と協力を深めてゆくべきであろう。ドージャー博士の考えと生き方に結晶しているバプテストの理想と精神を、どのように継承し、未来の教会形成の中で、どのように開花させてゆくかが、わたしたちに問われていることなのである。

西南学院の創立者、C. K. ドージャー師の残した不滅の名言、「西南よ、キリストに忠実なれ」という言葉と、日本バプテスト連盟結成の立役者、E. B. ドージャー師が残した「神と人とに誠と愛を」という美しい言葉を、わたしたちの心に深く留め、地上における神の子としての使命を果たすように努めたいと思うのである。

あとがき

親子２代にわたって、その生涯を日本に捧げ尽されたC. K. ドージャー先生とE. B. ドージャー先生は、日本で活躍された数多くの宣教師たちの中で、一段と強く輝いた星のような存在であったと言うことができます。彼らの忘れ難い面影と性格は、今もなお、彼らを知る人々の心に深く刻みつけられていて消えることはありません。また、彼らの献身的生涯と宣教師としての数々の業績は、日本バプテスト連盟の歴史の中で、いつまでも覚えられるでありましょう。

歴史に興味を抱く者の関心は、いつも人間の実存と行為にあります。過去の歴史において、ある個人が、特定の時代状況の中で、どのように考え、苦しみながら生き抜いたかということは、興味ある主題です。牧師として伝道牧会にたずさわりながら、教会の歴史研究に小さな努力を傾けている筆者は、日本人のために、その生涯を捧げられたドージャー先生親子の生き方に興味を抱きました。そして、有名なC. K. ドージャー先生よりも、息子のエドウィン先生の考えと生き方に、よりバプテスト的信仰が現われていると判断し、伝記を書く決意を固めました。エドウィン・ドージャー先生の生涯、働きと功績について書く際に、資料をできるだけ多く収集し、史実に則して書くことを努め、小説的・空想的記述をできるだけ避け、また、日本のバプテスト教会史における師の存在意義を明確にしたいと思いました。書きながら、筆者は、２人のドージャー先生について書きたい誘惑にかられましたが、重点をエドウィン先生に置き、両親のC. K. ドージャー夫妻や、妹のヘレンさんの生涯は、第Ｉ章の中に簡略にまとめました。

筆者が、1960年に東京の国際基督教大学を卒業して、西南学院大学神学科に入学しました時、E. B. ドージャー先生は、伝道学と説教学を教えておられました。聖書の学びと祈りの大切さを、折りにふれて語られた先生からにじみでる誠実な人柄、微笑を浮かべながら謙虚な姿勢で人と接する時の温かさ、キリスト教に関するいかなる質問にも喜んで答え、また、助言しようとなさる熱心さは、今も忘れることができません。筆者が神学科と専攻科での３年の学びを終えて、兵庫県明石市において開拓伝道に従事しました時、何回かの特別伝道集会を催し、数人の説教者を講壇にお招きしたのですが、先生は、会衆の心を見事に摑んで語られた優れた説教者の１人でありました。1969年、アメリカ留学に旅立とうとしたとき、数々の助言と励ましの言葉を与えて下さった先生の姿が、今も脳裏に焼きつけられていて離れません。その時が先生とお会いした最後になってしまったのですが、先生の死をアメリカのケンタッキー州で知り、私は、深い悲しみの中にあるミセスM. E. ドージャーへの鎮魂歌として、伝記を書く気持をさらに強めたのです。

E. B. ドージャー先生が、日本バプテスト連盟内にあって果たした重要な役割は、日本キリスト教会において未だ充分に認識されていないと思います。師は、第二次世界大戦後、日本バプテスト連盟の結成になくてはならぬ役割を果たし、また、その発展に大きく貢献された人物でありました。師の優れた働きは、時代の進行と共に忘れられてゆく傾向がありますが、筆者は、親子２代にわたって、その生涯を日本人に捧げ尽された偉大な宣教師の精神と信仰を、伝記の形を通して語り伝えたいと願いました。そして、それは筆者の務めであり、責任であると感じたのです。

1889年にアメリカ南部バプテスト連盟外国伝道局から派遣された初代宣教師、マッコーラム師夫妻とブランソン師夫妻が、日本の土を踏み、伝道を開始してから、97(ママ)年の歳月が流れました。その間に、どれだけ多くの宣教師が来日し、習得困難な日本語と闘いながら、日本人の救霊のために労苦し、報われることの少ない年月を過ごしてこられたことでありましょうか。「人がその友のために生命を捨てること、これよりも大きな愛はない」という、主イエスの言葉を実践するために、その生涯を日本に捧げられた数多くの宣教師の方たちに、筆者は、心からの敬愛と感謝を覚えるのです。そして、これら多くの優れた宣教師の献身的働きを覚えつつ、彼らの連帯的協力関係の中で支えられ、光を放たれたE. B. ドージャー先生の生涯を、氷山の一角として書き上げたのです。

この書のかなりの部分は、1971年、アメリカのサザンバプテスト神学校で書いたものですが、それは、M. E. ドージャーと、当時M. E. ドージャーの秘書として働いておられた樋口美奈子さんの協力なしに、完成することはなかったでありましょう。筆者は、日本で公開されていない貴重な文献、即ち、諸論文・日記、あるいは、手紙など、M. E. ドージャーを通して入手することができました。アメリカ南部バプテスト連盟外国伝道局発行の月刊誌「コミッション」に掲載されたドージャー先生自身の記述や、師に関するニュースは、複写されてネル・スタンレー（Nell Stanley）女史から送られてきました。また、当時、外国伝道局の人事委員であったオースティン・ファーレイ（Austin W. Farley）氏は、ドージャー師が戦後外国伝道局に書き送った重要な諸報告を複写し、郵送する労をとって、筆者の研究を助けて下さいました。これらの方々に、心からの感謝を覚えます。また、ドージャー師に対する評価を喜んで書いて下さった宣教師の諸先生がた、また、私の努力に対して声援を送って下さったサザンバプテスト神学校のW. M. パターソン（W. Morgan Patterson）教授、E. G. ヒンソン（E. Glenn Hinson）教授、W. B. ヒックス（W. Bryant Hicks）教授の愛を忘れることができません。

最後に、この書が西南学院創立70周年の年に出版することとなりましたことを嬉しく思います。筆者を励まし、出版に際して数々の配慮を示して下さったヨルダン社出版部の山本俊明氏に対して心からの感謝の意を表します。

1986年６月

日本で働かれたすべての宣教師に心からの感謝を覚えつつ

福岡市長住教会の牧師室にて　斎藤剛毅

第２版あとがき

1945年８月、太平洋戦争が終わると、アメリカ南部バプテスト連盟の外国伝道局は、日本のバプテスト教会の状況視察とバプテスト連盟結成の可能性を求めて、使節派遣を決議しました。その使節に選ばれたのがE. B. ドージャー先生でした。1946年10月30日、神戸港に着いた先生は東京に向かい、駕籠町バプテスト教会牧師、熊野清樹先生に迎えられ、２週間後に九州に所在していたバプテスト諸教会を訪ねます。

1946年11月23日、福岡の西南学院の会議室に、バプテスト教会に属する牧師或いは代表者たちが集まり、日本基督教団から離脱してバプテスト連盟を結成することを申し合わせ、1947年４月２、３日に16教会の代表者23人が西南学院バプテスト教会に集い、討議の末、「日本バプテスト連盟」の結成を満場一致で決議します。

アメリカ南部バプテスト連盟の外国伝道局へのドージャー報告に基づき、続々と日本に宣教師が派遣され、伝道が強力に推進されてゆきます。E. B. ドージャー先生は、「日本バプテスト宣教団」の代表として、また会計係として、アメリカで任命されて次々と日本に赴任してくる宣教師たちの世話をし、宣教の指導と助言を行います。東京での９年を過ごし、1958年から福岡の西南学院大学神学科の専任教授として「伝道学」を教えることになりました。

1960年に、西南学院大学神学科に入学した私は、E. B. ドージャー先生の「伝道学」の授業に出席して、情熱の籠もった講義を聞き、親子２代にわたって西南学院とバプテスト教会の発展に大きく貢献された先生方の生涯と業績を記録として残したいと思い、アメリカの神学大学院で学んだ折りに「E. B. ドージャー伝」を書き上げ、帰国後、1986年にヨルダン社から出版してから37年が経過しました。

この度、思いがけず、西南学院のバプテスト資料保存・運営委員会の先生方の企画に基づき、「E. B. ドージャー伝」第２版が刊行されることになりました。拙書『神と人とに誠と愛を～E. B. ドージャー先生の生涯とその功績～』

が中心に据えられ、ドージャー先生の年表と先生が残された貴重な資料が加えられ、生前の懐かしい写真が多く取り入れられました。ドージャー先生と深い関わりを持たれた金子純雄先生、葛生良一先生、瀬戸毅義先生の回顧文章と、ドージャー先生の長女サラ・エレンさん、長男チャールズ・マーヴィンさん、次女アデリア・アンさんらの「父の思い出」を語る文章が、「E. B. ドージャー伝」の内容を色彩豊かなものとしています。

「E. B. ドージャー伝」が刊行された背後に、バプテスト資料保存・運営委員会委員長、金丸英子先生と委員の先生方が積み重ねられた労苦を思い、心から感謝の意を表します。また、西南学院史資料センターの職員、山縣和彦氏が前任の高松千博氏の事務を引き継ぎ、出版に至るまで数々の報告と連絡の労を惜しまず、特にこの書がより完全なものとなるために、誤字、誤植の訂正に努力を捧げてくださり、また脚注の参考文献を読み易くしてくださったことに対して、衷心より御礼の言葉を述べます。

2023年８月29日

87歳に至るまで私を愛し、用いて下さった父なる神様に感謝の意を込めて。

斎藤剛毅

著者プロフィール

斎藤剛毅（さいとう・ごうき）

1936年　東京に生まれる

1960年　国際基督教大学（ICU）卒業

1963年　西南学院大学文学専攻科神学専攻卒業後、明石市で開拓伝道に従事

1969–74年　米国サザンバプテスト神学大学院博士課程終了（Ph.D.）

1974–87年　長住バプテスト教会（福岡）牧師、西南学院大学神学科講師

1987–90年　ジョージタウン大学（米国ケンタッキー州）客員教授

1990–2006年　福岡女学院大学人文学部教授

2003–2006年　福岡女学院院長

2006年　福岡女学院大学名誉教授

現　在　相模中央キリスト教会協力牧師

著　書

『バプテスト教会の起源と問題』ヨルダン社、1996年

『神の国をめざす旅人』ヨルダン社、1997年

その他

訳　書

P. T. フォーサイス著『祈りの精神』（斎藤剛毅訳、ヨルダン社、1969年、改訂版1986年、改訂新版第１刷はキリスト新聞社から発売、2017年）

H. E. フォスディック著『祈りの意義』（斎藤剛毅訳、ヨルダン社、1990年、改訂版を『祈りの意味』と改名して2013年に新教出版社から出版）

その他

第二部

寄 稿 編

凡　例

・第二部では、E. B. ドージャーのご親族ならびにE. B. ドージャーと縁の深い教え子の方々からの寄稿を収録しました。

・寄稿中、明らかな誤記と思われる箇所には適宜修正を施しています。

・E. B. ドージャーのご親族からの寄稿中にある聖句の引用は、新共同訳を使用しました。

・寄稿中の肩書きや名称は当時のものです。

・今日の人権意識を尊重する立場から、本文中には表記を改めるべき語句も含まれていますが、当時の時代性を考慮し、文脈からも必然的なものであると判断し、原文のままとしている部分があります。

I　ご親族の方々からの寄稿

サラ・エレン・ドージャー・マムリン：

　1936年10月26日　東京生まれ（写真右）

チャールズ・マーヴィン・ドージャー：

　1940年７月15日　軽井沢生まれ（写真中央）

アデリア・アン・ドージャー：

　1945年２月27日　ハワイ（米国属領）・ホノルル生まれ（写真左）

Sarah Ellen Dozier Mamlin:

　Born in Tokyo, Japan, October 26, 1936 (Photo right)

Charles Marvin Dozier:

　Born in Karuizawa, Japan, July 15, 1940 (Photo middle)

Adelia Ann Dozier: Born in Honolulu,

　Hawaii (territory of U.S.A.), February 27, 1945 (Photo left)

私たちの父、E. B. ドージャーの思い出

サラ・エレン・ドージャー・マムリン
チャールズ・マーヴィン・ドージャー
アデリア・アン・ドージャー

私たちが幼い頃、父のE. B. ドージャーはほとんど家にいませんでした。サラ・エレン、チャールズ、そしてアデリア・アンは母親に、父親は神様の働きをしていると聞いていましたが、父の不在を理解できるのはだいぶ年を取ってからでした。私たち一家は戦争の困難な時代の数年間をハワイで過ごした後、父は1946年に１人で日本に戻り、残された私たちはノースカロライナ州シャーロット市にある母の実家の近くへ引っ越しました。父は日本の仲間のクリスチャンたちとのつながりを立て直すため、熊野清樹先生とそのご家族のもとに１年間滞在しました。その後家族を迎えにアメリカへ一時帰国し、皆で1948年の夏に日本へ戻りました。

父が日本の同僚と共に日本バプテスト連盟を設立し100人以上のアメリカ人宣教師を受け入れる間、私たちは1961年まで東京に住みました。終戦直後、ノース・カロライナの私たちの家から18か月以上も不在だった父は、私たちが日本に戻ってからも、日本のクリスチャンたちを日本バプテスト連盟の交わりに織り込む手助けをするため、北海道から九州まで出張や説教の奉仕に忙しく、頻繁に家を空けていました。その頃、父が帰宅するたびにアイヌの熊（の彫り物）、民芸品の遠刈田（とおがった）系こけし、あるいは博多の「にわかせんぺい」のような小さいお土産を持って帰ってきてくれる時の喜びを覚えています。チャールズは、父が私たちの誕生日などの特別なイベントに帰宅を合わせようとしてくれたことを覚えています。1961年には、父は福岡に戻って西南学院の神学校で教える時が来たと自覚していました。その頃、マザー・ドージャー（ミセスC. K. ドージャー）は、神学校と池の近くにある干隈ののどかな場所に私たち一家と一緒に住み始めていました。アデリア・アンは、1926

Memories of our Father, E. B. Dozier

Sarah Ellen Dozier Mamlin
Charles Marvin Dozier
Adelia Ann Dozier

Our father, E. B. Dozier, was seldom home when we were young. Sarah Ellen, Charles, and Adelia Ann were told by their mother that he was doing God's work but we did not understand his absence until we were much older. Following the difficult war years that we spent in Hawaii, in 1946 our father returned to Japan while we moved to be near our mother's home in Charlotte, North Carolina. For a year he stayed with Yuya, Kiyoki Sensei and his family working to reestablish connections with fellow Christians. He then returned to the United States to gather the family and return to Japan in the summer of 1948.

We lived in Tokyo until 1961 while he worked at establishing the Japan Baptist Convention with his Japanese colleagues and in receiving over 100 American missionaries to Japan. He had been absent for more than 18 months from our home in North Carolina right after the war, but upon returning home to Japan, he was again often absent traveling and preaching from Hokkaido to Kyushu helping to weave the fabric of Japanese Christians into the fabric of the Japan Baptist Convention. In those years we remember the delight in his return home with a small omiyage of an Ainu bear from Hokkaido, a specialty Togatta Kokeshi doll, or specialty Niwaka Sempei from Hakata. Charles remembers that he tried to schedule his time so that he was home for special events like our birthdays. In 1961 our father felt it was time to return to Fukuoka to teach at Seinan Gakuin Baptist Seminary. By that time Mother Dozier (Mrs. C. K. Dozier) had come to live with us in the idyllic spot in Hoshikuma near the seminary and lake. Adelia Ann went to Canadian Academy in Kobe, Japan, where our father graduated high

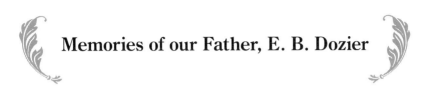

年に父が高校課程を修めた神戸のカナディアン・アカデミーへ入学し、サラ・エレンとチャールズは大学に進学し成人期の暮らしを始めるためアメリカへ帰国しました。その後アデリア・アンは大学在学中、夏休みのために一度福岡へ戻ってきましたが、その頃の父は西南学院の院長に選任されており、会議でとても忙しくしていたことを覚えています。当時、世の中は、そして西南学院も、激動の時代でした。父は数年後、1969年５月に亡くなりました。

チャールズは、私たちの父エドウィンとその妹のヘレンが子どもの頃、西南のキャンパスで着物を着ていた写真を覚えています。また、父が（子どもの頃）百道海岸の美しい松の木の間で遊びに行った話は、家でよく聞かされました。西南の元の校舎は1918年に工事が始まったのですが、ある日、現場の作業員が溝の中に見つけた石を放り出していることに気づいた父は、その溝の中に飛び降りました。父は古い壁だと気づき、ある学生に話したところ、その学生は２人の歴史の教授に伝え、さらに他の専門家も加わった結果、それは13世紀のモンゴル侵攻に抵抗するため築かれた防塁であることが判明しました。これは、父のルーツが日本にあって、その根幹が西南の地に深く根付いているという私たちの理解をさらに深める物語でした。子どもの頃の私たちは、父が彼の両親のC. K. ドージャーとモード・ドージャーと共に西南のキャンパスで幸せな日々を送っていたことを、よく思い巡らしました。

私たちの父は絵を描くことが好きで、漢字の読み方と書き方も習得していました。また英語の筆跡もとても美しく、本の中に書かれている父の署名を見ると未だに感動を覚えます。サラ・エレンは、父が、キャラクターが描かれている小さな本を作り素早くめくってアニメーション映画を作成してくれたことや、雪の中で私たちと遊びながら雪だるまや電車やジョージ・ワシントンの胸像を作ってくれたことを覚えています。

私たちの父は日本で、神の霊感に満ちた福音の説教者でした。日本語を、特に駄洒落をとても愛し、また日本の島々の方言に魅了されていて、電車やお店や会議などで誰かとの会話のきっかけとしてもその知識をよく使いました。長年にわたって、父は日米双方の同僚がお互いを理解しようとする際に頼りにする相談相手で、彼らが共に働くための共通点を見つける手助けをしました。

school in 1926, and Sarah Ellen and Charles had returned to go to university and begin leading their adult lives. Adelia Ann returned for a summer during her college days after our father had been elected as chancellor of Seinan Gakuin and remembered him as very busy with meetings. It was a turbulent time in the world and at Seinan Gakuin. He died a couple of years later in May of 1969.

Charles remembers the pictures of our father, Edwin, and his sister, Helen, in kimono as youngsters on the Seinan campus. A story we often heard told at home was about when our father would go out and play amongst the beautiful pine trees on Momochi Beach. Construction for the original school buildings at Seinan had begun in 1918. He noticed the construction crew tossing out some rocks and jumped into the trench where the workmen found the rocks. He saw that it was an old wall, and in the immediate aftermath of telling a student who called two history professors and then other experts, it was discovered that it was a defense wall that had been built to withstand the Mongol invasion in the 13th Century. This story solidified our knowledge that our father's roots were in Japan and his particular tap root was sunk deep into Seinan Gakuin ground. As children we imagined his happy days of living on the Seinan campus with his parents, C. K. Dozier and Maude Dozier.

Our father loved to draw and studied how to read and write kanji. His English calligraphy was beautiful, too, and it is still a thrill to see his signature in books. Sarah Ellen remembers him making little books of characters and then flipping them to make an animated movie. She also remembers him playing with us in the snow making a snowman, a train, and a bust of George Washington.

Our father was an inspired evangelistic preacher in Japan. He loved the Japanese language and especially puns. He was fascinated with dialects from all over the Japanese Islands and often used his knowledge of dialects as an opening for conversation with people on trains, shops, and meetings. Over those years he was a counseling source for both Japanese and American colleagues who came to him when trying to understand each other, and he helped them to find common ground to work together.

私たちの父には、西南学院と、その学院が日本社会と世界に与える影響力を巡るたくさんの夢がありました。法学研究科をはじめとする他の大学院課程の設立に貢献しました。そして西南が国際的な影響力を持つ準備ができていることを知っており、グローバルな理解のニーズに応えるため留学生別科の開設にも貢献しました。しかし私たちにとって最も貴重な遺産は、日本と西南学院、そして、父の人生を愛の輪の中に描かれた神様に対する変わらぬ愛でした。私たちが最も記憶に残るのは、父の西南学院で最後の卒業証書授与式におけるスピーチで語った言葉です。父は学生たちに「心を尽くし、精神を尽くし、力を尽くし、思いを尽くして、あなたの神である主を愛しなさい、また、隣人を自分のように愛しなさい」というルカによる福音書の箇所を思い起こすよう促し、そして「西南よ、神と人間に対する誠と愛によって生きなさい」と伝えました。この言葉は、西南学院を卒業した１人ひとりの遺産に対して、また私たち家族の心の中に今でも真実に響いています。

Our father had many dreams for Seinan Gakuin and its influence in Japan and the world. He helped establish the law school and other graduate programs at Seinan Gakuin. With the need for global understanding, he helped establish the International Division at Seinan, knowing that Seinan was ready to be a global influence. But his one most precious legacy to us was his undying love for Japan and Seinan Gakuin, and for God who drew his life in a circle of love. We will most remember the phrase of our father's address to the last convocation at Seinan Gakuin when he spoke to the students reminding them of the gospel of Luke text to "love God with all your heart, and all your soul, and all your mind, and love and respect your neighbor." Seinan, he said, live with "truth and love to God and Man." Those words still ring true to the legacy of each Seinan graduate and in us as well.

Ⅱ　教え子の方々からの寄稿

嗣業としての学院と連盟

金子純雄

わたしは1947年５月、福岡バプテスト教会の特別伝道集会で、講師のドージャー先生のメッセージと招きに応じて手を挙げ、クリスチャンとして歩む決心を表明しました。福岡教会は戦前、城北の簀子町にありましたが、敗戦直前の大空襲で焼失、鳥飼にあった西南学院短期大学部児童教育科校舎で礼拝が行われていました。数週間後に西南学院教会で三善敏夫先生から受浸。西南学院中学３年生の時です。後にドージャー先生もかつて同じ歳頃に福岡教会で受浸されたことを知って、親近感を一層深くしたことを思い出します。

わたしの受浸は、敗戦直後に日本基督教団を離脱した旧日本バプテスト西部組会の諸教会が「日本バプテスト連盟」を結成した翌月のことです。連盟再建のために米国南部バプテスト連盟からの特使としていち早く来日されたドージャー先生が果たされた役割と実績は余人をもって代えることが出来ないものでした。かつての大戦下、強制的に帰国させられた先生ご一家が米国本土ではなく、ハワイに居を構えられたことにも、先生の日本と日本人への熱愛、救霊の熱心が如実に表わされていますが、戦後直ちに米国南部バプテストの莫大な人的・財的支援、何よりも熱い祈りを携え、諸教会を巡って協力伝道の急務を訴え「日本バプテスト連盟」発足に尽力されたことは周知の通りです。先生の活動は当初、東京都下での開拓伝道や文書伝道などに注がれていましたが、その基盤が整ったところで、尊父C. K. ドージャー先生が築かれた西南学院への直接的な関与を促されたことは当然なことでした。第二の故郷とも言うべき福岡で少年期を過ごされた先生の日本語が他の宣教師たちが羨むほど流暢で、博多弁を交えての会話に舌を巻いた人たちも少なくなかったのは言うまでもなく、その利点を駆使しての救霊の熱心がもたらし

1955年当時の干隈キャンパス

た成果も当然なことでした。

先生が西南学院大学の専任教授となられたのは、斎藤剛毅著『神と人とに誠と愛を～ E. B. ドージャー先生の生涯とその功績～』によれば1958年ですが、わたしはその年の３月に牧会の現場に出ていますので、それ以前に既に西南学院に着任されておられたのでしょうか、神学科では先生から「伝道学」を学びました。当時、実践神学部門については、所謂「神学」としての位置づけや内容が整っていたとは言えず、先生がそのことを憂い、後に「伝道学の原理と実践」の教科書を執筆・出版されたことは斎藤師も述べておられますが、当時のわたしたちは、さながら伝道説教を毎回、拝聴するような感じで先生の授業に臨んでいました。熱烈な言葉とともに、先生の眼に光る涙を何度も拝見した覚えがあります。それは中３の時に初めて触れた先生そのままの姿でした。それこそ「神と人へ」の熱誠・熱愛の現われであり、思い起こすたびに今も心が熱く燃えます。

1969年初頭に福岡に戻ったわたしが、心臓疾患のために入院・加療中だった京都バプテスト病院を退院されたばかりの先生に本学でお会い出来たのは新学期が始まって間もない頃だったと思いますが、病後とも思われないいつもの温顔しか思い出せません。しかし過重な院長職務に加え、当時、全国的に拡がって行った大学闘争の渦中に身を置き、過激派学生たちに院長室を占拠され、大切な物品、就中、創立者である父君の写真も破損される異常事態の中、すべての重荷を一身に抱えるかのように先生は忽然と帰天されました。それから早くも半世紀余が経ちます。

私事ですが、連盟結成を待たずに早逝したわたしの父は、開設間もない学院神学科でC. K. ドージャー先生の薫陶をいただいています。突然の訃報に接して綴った追悼文を戦前の「バプテスト誌」に見出したことがあります。親子２代にわたって直接・間接にお世話になったことを改めて思い起しながら、神から賦与された嗣業を全うするために身も心も捧げ尽くして倦むことがなかった先生方のお姿はまばゆいばかりです。同時に同じ系譜に連ならせていただいた光栄を思います。

わたしは、1996年に全米の「南部バプテスト日本語教会」の聖会に参加させていただきましたが、子どもたちも含めて250人を超す人々の中に20数人の懐かしい引退宣教師の方々がおられました。既に大部分の方々が帰天しておられますが、壇上に並んだこれらの先生方がミセスE. B. ドージャー、エレンさんを囲むように並んでおられた姿が印象的でした。そして、わたしには、エレンさんと共にあまたの宣教師たちに囲まれるように立っておられるドージャー先生のお姿が彷彿と脳裏に甦ってくるように思われたのです。日本を思い、西南に心血を注ぎ、今なお雄弁に語りかけておられる先生とドージャー家の方々、そして多くの宣教師の方々への親愛の情と感謝は尽きません。

金子純雄（かねこ・すみお）

西南学院大学文学部神学科選科修了。日本バプテスト連盟小倉教会牧師、平尾（福岡）教会牧師、連盟常務理事、仙台教会牧師等を歴任。現在は福岡県福津市在住、古賀バプテスト教会員。

「深謝」

葛生良一

本書『神と人とに誠と愛を』の著者は干隈の神学寮で1年を同室で過ごした同輩です。その後、片や教派の王道を歩み、此方は「赤岩栄のエピゴーネン」（教団代々木上原教会牧師で雑誌「指」を主宰、最後の著書は「キリスト教脱出記」）などと言われ「按手礼」を受けないまま30代から20年の間教会奉仕をしました。思いおこせば小学生だったぼくは齢米寿に手が届くほどの歳になり、ドージャー先生の信仰と人格に影響を受け、それぞれの人生を生きた多くの縁故の方々は泉下の人となりました。

先生はぼくが出会った初めてのアメリカ人で見上げるような大きい人でした。見たこともない賑やかに飾られたクリスマス・ツリーは物珍しく、「寒い北風吹いたとて怖じけるようなこどもじゃないよ、満州育ちのわたしたち」、在満国民小学校の唱歌に馴染んだ小学生にとってクリスマスの賛美歌は清らかに聞こえました。

新聞紙しかないような時代に綺麗な模様のリボンを掛けた紙包みに、キリストの誕生譚の聖句、いっぱいに入ったクッキーやらキャンディーのプレゼントを先生の手から貰ったことが「教会の子」になり、新たな人生の始まりになりました。以来ぼくは先生の感化を受けた人たちの中で人生の大半を過ごして来ました。礼拝に出席するようになったのは中学生になってからのことでした。

ミセスC. K. ドージャーのお住まいが近くにあり用事を言いつかってお邪魔することがありました。静かな口調で教えられたことが幾つかありました。「うるわしく生きなさい。」No drinking, No smoking, No dancing, No movie, No reading まるで Christianity ABC のようですが、ミセスC. K. ドージャーの深い青い目で見つめるようにし話しをされる言葉には抗えない揺るぎのない確かなキリスト教信仰がありました。「うるわしく生きる」は最も むずかしく、飲酒、喫煙、ダンス、映画、読書、５つのNOのすべてを守ることはできませんでした。

記憶や思い出というものは自分本位、身勝手で、事実と想像が混じり合って怪しげなところがありますが、紆余曲折の多い揺れ動く青春期でした。「献身」を決意して先生を訪ねたのは西南学院へ転じ、福岡へ去られる直前だったと思います。神学科入学以来は面倒と心配、お世話をかけるばかりでした。ドージャー先生の講座は「伝道学」です。牧師養成が眼目ですから必修科目は当然です。「腹の皮が張ると目の皮が弛む、腹八分目。飲酒喫煙は証にならない。」

R. ブルトマンの周辺、新約学に興味を持ち、ハイデッガーの著作集、東独から取り寄せたフォイエルバッハの全集、サルトルや椎名麟三の小説、エッセイを愛読し毎月送られてくる「指」をこころ待ちにしている「神学生」にとって伝道学ばかりではなくすべての神学科の授業に興味を失いました。伝道学は「不可」でした。出席日数がまるで足りないのです。先生から自宅に呼ばれ、著者は忘れましたが「Effective Evangelism」かなり厚手の英文原書を渡され、レポートをするように言いつけられました。ざっと目を通し、ひとつも effective ではないなどと解りもしないことを拙い英文で1枚の用紙に

1955年当時の神学科校舎

書いて持って行きました。好物のピーナッツを数えるように口にしながら、長女サラ・エレンさんの「結婚相手がユダヤ人の医者だが受け入れた。わたしはConservativeでも、どんなことに対しても偏見をもって見るようなことはしない」と言われました。先生がぼくの言動を心配していることを知り、ぼくは先生の人格とこころの寛さを疑うようなことはない、と伝えました。

本書100–101頁にハーヴィ・コックス（Harvey Cox）と先生との考えの違いが記載されてあります。その後Harvard Divinity Schoolに学びました。件のコックス教授指導のもとでApplied Theologyを専攻しました。ハーヴァード・クレストにはヘリタス（真理）とラテン語の刻印があり、「神とイエス・キリストを知る」が建学のこころ構えでした。「西南よ、キリストに忠実なれ」と同様に「ナザレ人イエス」のことばと行為の伝承へ行き着きます。コックスは時に真顔でまた悪戯っぽく肩を狭くし、ぼくに向かって「I'm a Baptist」と言うことがありました。これはbasicでradicalな成句です。教授は学校に隣接する歴史的なOld Cambridge Baptist Churchのメンバーでした。この教会では誰が牧師なのかわからないほどメンバー１人ひとりが牧会者のように振る舞っていました。岐阜東濃の山中で世俗の人たちに混じり、そば畑を耕し共同体の創成に四半世紀を費やして来ました。コックスに倣って小声でぼくの成り立ちを語ろうと思います。ドージャー先生は草場の陰でなんと言うでしょう。

葛生良一（くずう・りょういち）

西南学院大学文学部神学科卒業。泉バプテスト教会牧師、横浜YMCA学院講師、東京YMCA学院講師、神奈川県立衛生看護専門学校講師等を歴任。現在は岐阜県加茂郡在住、「人の泉」「福地いろどりむら構想」代表。

懐かしいE. B. ドージャー先生

瀬戸毅義

西南学院大学を卒業したのは1963年（文学部英文学科）でした。引き続き文学部神学科を1965年に、同専攻科を1966年に卒業しました。E. B. ドージャー先生のお人柄に学生として触れることができたのは神学科の時代です。その頃神学科は校舎も学生寮も自然豊かな環境の干隈にありました。

校舎と学生寮の近くに池があり、その池の土手を進むと先生の居宅がありました。ある日、神学生仲間と一緒に先生のご自宅で食事をご馳走になりました。学生は10人前後だったと記憶します。私たちはマナーもわきまえない食欲旺盛な貧乏学生でした。いま思いますとその食事がきちんとした晩餐スタイルだったことです。ドージャー先生とミセスM. E. ドージャーが相当にご準備されたのでしょう。先生自ら静かな音楽のレコードを掛けてくださり、照明を少し落とした雰囲気のなかでの先生ご夫妻のおもてなしでした。嗚呼、

1955年当時の神学科チャペル

貧しかった時代にわたしたち学生にやさしく接してくださった先生のご親切！

ドージャー先生は授業の時も穏やかでした。受けた授業の一つに伝道学がありました。テキストは英文でガリ版刷りのお手製でした。先生の教え方に強制的な姿勢は一切なく、またペダンチックな内容でもありませんでした。そこには先生の内側からにじみ出るキリストの香りがありました。それはキリストにある香り（第２コリント２章15節）でした。

ある日の授業で、日本語は「はし」といってもいくつもあるから、注意しなければならぬ。教会での聖書朗読にもアクセントも含め特に気を付けるべきである。このように話されて先生は黒板に箸、橋、端○○○…と同音の難しい漢字を10以上もスラスラと書かれましたので驚きました。漢字にも詳しい先生でした。

ある日のこと文学部のアニタ・コールマン宣教師が学生の私に言われました。彼（注：E. B. ドージャー先生のこと）は不思議な所作をする。わたしたちアメリカ人にもわかりません…と真似をされました。ドージャー先生は、人の前を通る（横切る）とき、手をチョンチョンされるというのです。このしぐさは現代の日本人はもう忘れているものでしょうが、ドージャー先生にはごく自然のことだったのでしょう。まさにドージャー先生は日本人以上の日本人でした。

干隈校舎でのある日のチャペルの思い出です。ドージャー先生は、その日、ブラジルに宣教師として派遣される戸上信義牧師のことを話されました。ちなみに戸上信義牧師のブラジル派遣は1965年です。ドージャー先生は「戸上先生は、宣教師になることをよく決心なさった。彼はこれからどんなにご苦労することか…」と話される先生のお顔に涙がありました。今思えば、宣教師として日本に来られて数々の困難と闘い、西南学院を創立なさった父上や母上、ご家族の苦労を思い出しての先生の涙だったのでしょう。その時のお顔と涙を今も鮮やかに思い出します。

最後に私が石川県金沢市から新制の西南学院大学に学ぶようになったのは、出来たばかりの日本バプテスト連盟金沢キリスト教会（その頃は京都キリスト教会の伝道所）牧師の宮地治先生のおすすめによるものでした。何も知りませんでしたが、宮地治牧師は戦前の西南学院中学校を卒業されていました。

1955年当時の神学科図書室

私が西南学院に入学できたことにも神の導きを思わざるをえません。授業でお会いした先生方の名前はE. B. ドージャーの他にもすぐに思い出します。河野貞幹、伊藤俊男、坂本重武、村上寅次、尾崎主一、三善敏夫、関谷定夫、中村和夫、古澤嘉生、木村文太郎、W. M. ギャロット、R. H. カルペッパー…。戦争の時代を体験された諸先生はキリスト教信仰を口ではなく姿勢で示してくださったのだと思っています。その頃の西南学院は豊かではありませんでしたが、キリスト教主義学校としての矜持と溌溂とした雰囲気もありました。事務の方々も先生方も私共学生には分け隔てなく愛をもって接してくださったと記憶します。多感な青春の一時期を西南学院で過ごしたことは何物にも代え難い貴重なことでした。

瀬戸毅義（せと・きよし）

西南学院大学文学部英文学科、同文学部神学科、同文学専攻科神学専攻卒業。金沢キリスト教会牧師、西南学院中学校・高等学校教諭、同宗教部長等を歴任。現在は福岡県筑紫野市在住、筑紫野南キリスト教会員。

第三部

資 料 編

凡　例

- 第三部では、E. B. ドージャーの遺稿資料ならびに E. B. ドージャーの事績に関する年表を収録しました。
- 資料は年代順に掲載しました。
- 資料の表題に記載された刊行年は、西暦のみで表記しました。
- 資料はいずれも縦書きであったが、全て横書きに改めました。
- 資料中の漢数字による表記は原則として、算用数字の表記に改めました。
- 資料中の漢字は原則として常用漢字に改め、俗字や略字、異体字等は正字に改めました。
- 資料中、表記の正確さを期すために、平仮名から漢字、あるいは漢字から平仮名に改め、句読点を付した箇所があります。
- 資料中、明らかな誤記と思われる箇所には適宜修正を施しています。
- 資料中の肩書きや名称は当時のものです。
- E. B. ドージャー年表中の記載は原則として、西南学院での事績に関する事項です。
- E. B. ドージャー年表中の著作物に関する記載は、原資料を確認できたものにとどめています。
- E. B. ドージャー年表中の寄稿に関する記載は、原則として西南学院関係の刊行物を対象とし、バプテスト関係の刊行物への寄稿については、主要なものにとどめています。

Ⅰ　遺稿集

1　西南学院創立35周年記念誌「SEINAN GAKUIN Today and Yesterday」1951年7月7日発行

父を語る

日本バプテスト連盟出版局長　E. B. ドージャー

父はいわゆる秀才とは決して言えないのだ。平凡な人間で神にあやつられたのであったと思う。色々と父に聞かされたのですが日本に最初来たのも神が自分をむりやりに引張ったと申して居ました。父は自分では決して日本語の様なむずかしい語を覚えられないと思った。だから最後まで非常に立派な日本語をしゃべったと言われないと思う。しかし人を愛し、また人の幸福を思ってむりやりに話す様になった。父は自分としては伝道に専心するつもりであった。然しやがてバプテストの伝道に教育が伴わなければならない事を知ったのです。また宣教団がむりやりに院長に選んだ時、父は自分は適任であると思わなかったのだ。しかし選ばれた上はベストを忠実につくすのが任務と思った。

父にとって、“BEING FAITHFUL”「忠実である」事は一生の中心的思想であった。小さい事にも大きい事にも忠実であればよいと思った。平凡なものも忠実であれば世にこうけんする事が出来ると信じた。

西南学院にこういうしんねんをいつも生かしてもらいたいと思う。平凡な者と忠実な者が世に多くあれば秀才がなくても健全な社会がつづくであろう。

父は自分自身を神にささげたものと信じた。自分の意見の先に聖書の真理を思ったのである。子どもの時に僕は非常に早起をしたと思った時でも父は既に書斎に聖書を読んで居たのをたびたび覚えて居る。また時に祈って居た。時々涙をながして祈って居た。どうして泣いたのだろうと思った事がある。或る時には僕が悪かったから父を泣かせた事もあったと思う。それを思うと実に今僕の心はいたいのだ。西南のために父はよく泣いた。心から学院の先生、学生を思うたから泣いたのである。いたずらに泣いたとは思わない。

父は実に厳しかった。西南の学生はそう思って居る。僕もそう思う。だが子どもを思う厳しさだった。愛して居るから厳しかった。正しいと思った事は子どもにも守る事を教えた。守らない時厳しく叱ったのだ。ヤンチャの僕はよく叱られた。しかし一度も僕は父の愛を疑った事はない。よく叱った後、僕のため泣いて祈ったことがある。きっと父は毎日、其の日の事を神の前に清算したと思う。後にのこらない様に……。それで今日は叱って明日になって共に楽しむ事が出来たのだ。多くの者はそれをふしぎと思ったが、父は早くから主の祈の「我らに負債ある者を我らの免したる如く我らの負債をも免し給え」を知って信じたのだ。

西南学院に色々な問題もあった。父はいずれの場合にも自分で聖書に教えてある真理を見出そうとした。自分の理解は絶対と申しませんでしたが、他の人が聖書に立脚した証拠を出さなければ父はあくまでも戦った。自分のためとか、人のためとかは神の義にまたなければならなかった。しかし戦って居た時でも僕はよく覚えて居るが、父は反対する者のために泣いて祈った。父は友にむかって戦うのが実につらかったのだ。しかし主に忠実にありたいため涙をながして戦った。

父の一生のモットーといい得るものはピリピ書３章の12節から14節であった。「われ既に取れり既に全うせられたりと言うにあらず、唯これを捉えんとて追い求む。キリストは之を得させんとて我を捉えたまえり。兄弟よ、われは既に捉えたりと思わず、唯この一事を務む、即ち後のものを忘れ、前のものに向いて励み、標準を指して進み、神のキリスト、イエスに由りて上に召したまう召にかかわるほうびを得んとて之を追い求む」

こういう気持から父は「西南よ、キリストに忠実なれ」と言ったにちがいないと思う。忠実なものを世は一番必要とするのではあるまいか。学院35年祭、父が死んで19年のこの時、もう一度父の指さしで神を見出す事が出来れば父は十分に満足するだろう。父は今も涙をもって読者が主キリストを信ずる事を祈っているにちがいない。

2　舞鶴幼稚園創立50周年記念誌「わたしたちのまいづるようちえん」1963年11月6日発行

舞鶴幼稚園創立50周年を迎えて

園長　エドウィン B. ドージャー

この度、舞鶴幼稚園が創立50周年を迎えるかと思いますと、唯々時の経つのの早さに驚くばかりであります。創立当時、5歳の園児として入園致しました私は、3人の先生と、17名の小さなお友達と一緒に、西公園の山の下、荒戸町に在った幼稚園の庭に並んで、ミセス・ミルズ園長先生のお話を大真面目な顔をして聞いた事を思い出します。現在でもその建物は西公園第2の鳥居の近くに残って居りまして、その近くに行く度に当時の事を懐しく思うのであります。

大正2年、広い庭のある幼稚園は、園児の楽しい遊びの場であると同時に、イエス様のお話に耳を傾けた処でもありました。ブランコ、スベリダイ、お遊戯、遠足など、楽しい思い出は尽きません。

仙台で幼稚園の園長をされていたミセス・ミルズは、福岡に来られて、幼稚伝道に対する熱心な御希望を当時の宣教師会に伝えられ、その結果、舞鶴幼稚園が誕生したと聞いております。園長先生の他に福岡に住む婦人宣教師が、委員会を組織し、その運営に参加致しましたが、私の母もその委員の1人として加わって居りました。そして11月12日この創立を見たのであります。当時の月謝は30銭だったそうです。この創立の日から、実に大勢の先生、お友達、また8人の園長を持って今日に至った訳であります。

戦前の事ですが、園児だった私が、先生となってこの幼稚園に通った事があります。どうしてそうなったかは解りませんが、子ども達に英語を教えて居りました。当時園児だった方から、「とても面白い先生だった」なんて言われて、面映ゆい気になります。そして今日、今度は園長として、50周年の祝日にこのような事を書いて居ります事は、全く不思議な神の導きであり非常な喜びと致して居ります。

17名が20名になり、足りない部屋も補われて、それからもっともっとたくさんお友達を迎えられるようになった頃、昭和７年頃でした。それまで園長や委員は宣教師の先生方であったのが、教会の先生や信者の方々がその任に当られるようになりました。その年の12月、正式に福岡教会附属の幼稚園となり、当教会の牧師であった下瀬先生を園長に迎えました。この先生は幼子を心から愛し、戦争が始まる少し前でも、この任を果されました。その後幼稚園は西南保姆学院の附属園とした方がよいのではないかと言う事から、当時の西南保姆学院（福岡保育専攻学校）、現在では学校法人西南学院短期大学部児童教育科の附属園になりました。場所も荒戸町から地行東町の現在の西南学院の女子寮の処へ、更にそののち保育専攻学校が移動しました時に、一緒に鳥飼の方に移ったのでございます。

50年と言う長い年月の中に色々な歴史を有している幼稚園でありますが、私はどう言う目的でこの幼稚園が建てられたのかと言う質問をよく耳に致します。この質問に対し私は、「イエス様を多くのお友達に紹介することが一番大きな目的です」と答えます。イエス様が喜ばれる光の子となる事であります。新約聖書、ルカによる福音書２章40節には次のように記してあります。「幼な子は、ますます成長して強くなり、知恵に満ち、そして神の恵みがその上にあった。」同じ２章52節には、「イエスはますます知恵が加わり、背たけも伸び、そして神と人から愛された。」と、書いてあります。もう１ヵ所ルカによる福音書18章16，17節を見ましょう。「するとイエスは幼な子らを呼び寄せて言われた、『幼な子らをわたしのところに来るままにしておきなさい、止めてはならない。神の国はこのような者の国である。よく聞いておくがよい。だれでも幼な子のように神の国を受けいれる者でなければ、そこにはいることは決してできない。』」この３つの聖句に、私共の幼稚園の目的が十分に表れていると思います。第１に身体の成長であります。幼い身体がすくすくと伸びて行くことが出来るように私達は細心の注意を払わなければなりません。身体的に弱い方には、愛と理解を持って見守ってやらなければなりません。第２は知恵の発達であります。人間的成長の基礎づくりが成されるこの大切な時期に、十分な知識と応用力、及び生活の規律が子ども達の中で育って行くように心掛けなければなりません。第３は精神的な発達であります。車が１つの心棒を中心として廻るように、子ども達が全生活の心棒を神に見出す事が出来るように導くことであります。私達の造り主、私達のすべてを御存知である神に従いつつ日々を送って行く生活は、幼い時から養われなければなりません。大人になって例え、色々な問題にぶつかった場合にも神を中心とした正しい判断を下せる備えをこの時からしなければなりません。

そして神と人とに喜ばれる明るい、元気な光の子が、１人でも多く育って行きますよう、心から祈ってやみません。

3 「西南学院同窓会報」第22号　1966年7月2日発行

世界的貢献を目指せ

── 西南学院創立50周年を迎えて（記念式式辞）──

院長　E. B. ドージャー

まず心から神の長年の導きと、お守りに対し、また多くのよき協力者の助けに対してお礼を申し上げたいのであります。これなくしては今日の西南は望むべくもありません。だが「過去に敬意を表し将来に邁進せよ」という格言があるように、今日、我々はまず過去に感謝しながら未来に向かって前進してゆきたいのであります。さき程、学長に読んでいただきました聖句は創立者C. K. ドージャーが愛読致しました目標となっている聖句であります。

「私が既に完全なるものになっているというのでなく、ただ、捕えようとして追い求めている。ただこの一事を努めている。即ち、後のものを忘れ、前のものに向かって体を伸ばしつつ、目標を目指して走り、キリスト・イエスに於て上にめして下さる神の賜物をえようと努めているのである」という句であります。これは今日、我々に対する創立者の大いなるチャレンジだと思う。前むきの姿勢で西南よ、進め！と我々によびかけているのだと思うのであります。ベストをつくしてこれに立ち向って行きたいものであります。この挑戦に対して我々は公私の場を的確に把握しなければならないのでありまして、学園として、西南は第1にこれを教育におき、それに全力を注ぎこむべきであります。

さて、人間は3,000年の昔と現在と較べてみるとき大差を見出せないのであります。知識的にはかなり進歩しているが、人間そのものは進歩していない。互いに疑い、裏切り、争いあっている。人格的に成熟していないのではないか。教育の場はその個人個人の人格を磨き、成熟への手助けをする場であります。

西南の課題

西南のなすべき事は大きい。ところで、教育の問題は今日いろいろとありまして、不充分ながら少し列記してみたいと思います。第１に人口の増大に対して施設の欠乏ということ、第２に国家と社会の教育に対する誤った位置づけと期待、第３は期待の割に貧弱な援助、第４には学識と教育との混同、第５は時間的、距離的に接近しているこの世界であるにかかわらず意識の不疎通、または対立、此等はまさに人間を支配者から奴隷にしむけてゆくことではないかと思うのであります。物品がマスプロダクションによって安くなるのと同じ様に、人間のマスプロも私共の人格を低下させるものではないでしょうか。

こういう様な時に、私共は真の教育を西南において施したいと思うのです。そのために真の教育者これは勿論、学問に於て１つの基盤をおかねばならないのでありますが、本当に学生にその意欲と、その教育に対する愛着を覚えさせる事のできるようにすることが本当の教員の責任ではないかと思うのであります。次に申し上げたい事は、西南は世界に貢献する責任があるということであります。島国根性を捨てて、堂々と他の人達に出会って、そして謙虚に奉仕する事が出来る目標をもちたいと思うのであります。九州から日本全国に、日本全国からアジアに、アジアから世界に視野をひろげていきたいのです。そして世界の人達から尊敬される処までゆきたいと思うのです。西南にゆけば世界についての理解を深めることができるという事がいわれるように、そして、そこでは公平と進取、親切の学風があるという事がいわれるように、私共はこの社会、この世界に貢献したいと思うのです。

新しい人物養成へ

権利ではなく、理念と１つの特権というものを私共の目標として新しい人を創り出したいと思うのであります。「世界的貢献」はこういうような面に於てなされるのではないでしょうか。こういう様な理念をもって中、高、大学と一貫した教育の中に、クリスチャンスクールとしての貢献を致したい。

次に私共が目指したいと思うものは、大学院の設置でありますが、そのためには、いろいろの手順があると思います。教師の準備、あるいはまた土地を含む施設の準備でありますが、何よりも勉学に忠実な学生が１番必要ではなかろうかと思うのであります。西南で学んでおる者は、世界のどの大学の大学院にでも入学出来るというような学生をたくさん出してゆかなければ、大学院を設置致しましても十分ではない。

こういうような学園――教育機関という傑作をこの世の中に生みだしたいと願ってやまないのであります。傑作には犠牲が必要であります。けれども今日の人は犠牲をあまり好まないようです。

創立者は、「西南よ、キリストに忠実なれ」とよびかけているのでありますが、それはベストをつくして神と世界に犠牲的な献身――奉仕をする事が私共の任務であるといっていると思うのであります。そのために内外の協力者とご援助をいただき、これから50年、100年を目指して、まだ「とらえたと思わない」で、その目標に目指していこうではないかという、その気魄を、心に深くいだいてゆきたいと思うのであります。

これをもって、式辞といたします。

4 「西南学院大学広報」創刊号　1967年12月６日発行

真の対話の場を作ろう
── 大学広報発刊を祝して ──

院長　E. B. ドージャー

創立51周年を迎えた今年、西南学院大学は神、文、商、経に更に法学部を加え、５学部、5,348名の学生を容する文科系総合大学としての体制を整えることが出来ました。旧い歴史と、総合的教育をなし得るだけの一定の規模を持つということは、充実した教育を行なう為には、やはり大切なことだと思います。そういった意味で、今年のこの出発は大変意義深いことだと思っております。言うまでもなく、それが単に長い歴史をもっているとか、種々の課目を容しているというだけのことであれば、大して意味のないことであり、教育のマスプロ化、急激な規模の拡大による大学の破綻など、特に私立大学にとって、むしろ弊害となる要素をもっているといえましょう。

私立の教育機関のそもそもの存在意義は、それが独自の建学の精神を有し、その精神に基づいて子弟の教育を行なっているということにあると思っております。従って私立の教育機関にとって、建学の精神を全うするということは何よりも重視されねばなりません。しかし、それにはよほどの使命感と自覚が必要であり、そうでない限り、年数が経ち、規模が拡大するに従って変質し、稀薄化することはむしろ当然の成り行きと言えるでありましょう。

我々が最も懸念するのもこのことであり、特にわが西南学院にとって、建学の精神を全うするか否かということは西南が教育機関として存続すべきか否かということにまでかかわって来ることであり、それだけに、常に新たなる認識をもって対処して行かねばならないと思っております。

では、いかにしてその精神は全うされ得るものか。それは学生と教師さらには職員という学院構成員の間の徹底した意志の疎通以外にはないと思われます。すなわち、真の対話が行なわれる時、そこには自ら精神の伝道が行なわれるものでありましょう。そして、さらに真の対話がなされる為には、その精神が常に現時点において受けとめられ、適応されてゆくということが不可欠なことであります。「西南よ、キリストに忠実なれ」との創立者の言葉を、現在の我々がどの様に受けとめてゆくかということこそ、我々に課せられた一番重要な課題であり、それなくして真の対話も、ひいては建学の精神も全うされ得ないものであります。また、さらに、規模が拡大されると、対話や意志の疎通は不十分になり勝ちであります。今まで学院の意図を伝達する機関は、学校としては部分的には宗教部報、図書館報、神学校便りに、また学生新聞部の手になる「西南新聞」、および同窓会事務局による「同窓会報」に委ねられていましたが、より一層の充実、徹底を計るために学校側でも総合的な伝達機関を設けることに致しました。それがこの「大学広報」であります。

この「大学広報」は、具体的には学院が直面している諸問題、その対策を随時表明し、正確なる理解を得ることによって、学生諸君との対話を深め、建学の精神を全うしてゆくことを目的としており、それだけに学院でも特に力を入れているものであります。これによって、少しでも学院の意図が理解され、協力を得ることが出来ますならば、これにまさる喜びはありません。

5　西南学院事務部内報「窓」創刊号　1968年7月発行

研修と親和の場となるように
――事務部内報発刊を祝して――

院長　E. B. ドージャー

学院の発展に伴って、事務局も今年は100余名もの人員を容するようになりました。ほんの8年前までは半数位にすぎなかったのですから、その急な発展ぶりには驚くばかりです。おかげで事務は一段と強化充実し、能率も上ってまいりました。何よりも学生や教員の方々にとっては有難いことであります。けれども事務の皆様方自身にとっては人数が増えたということで、少ない時にはなかった問題が生じて来るのではないでしょうか。例えば、まず心の交流の問題があります。部署、部署が大きくなって、その部署だけで行動し出すと、他の部署の人とはほとんど話らしい話をしなくなり、実際にはどういう行動をしているのか知らずにいる、といった現象も出てまいりましょう。上役とも単に仕事の伝達以外には打ちとけて話さないといったことが出て来るかも知れません。その内にはそれが当然のことだと思われて来ることもありましょう。そういう時にこの部内報が刊行されることになり、交流の場が提供されるということは、誠に当を得たことと、心から嬉しく思っております。この部内報を通して互いの日頃の問題を出し合い、色々な人の考え方を知り、また、それによって仕事に対する新なる意欲なり、視点なりを得ることが出来ますならば、これ程意義あることはありません。

私達が心を正常に保って生活してゆくためには、何よりも人と人との交りということが必要なのだと信じております。どんなに気の張る仕事をし、あるいは実のある仕事をしていたとしても、同じ職場の人との人間関係がうまくいってなかったとしたら、結局は毎日がおもしろくない、ということになりましょう。おもしろくない心の状態が仕事に影響しないでいるはずがありません。けれども人と人との関係というものは、多くは話し合うこと、心底話し合うことによって解決されるものではないでしょうか。時には不満をぶっつけ合い、苦しみを分ち合うといったことが必要なのだと思います。人員が多くなれば、ついなおざりにされがちな話し合いの姿勢を、部内報を通して、保っていただきたいものだと願っております。

ところで皆様は学校という、一般の企業とは異なる仕事環境において、事務の占める位置というものをどのように考えておいででしょうか。それはいわば縁の下の力持ち的存在ではありますが、それなしでは今日の西南学院の機能が麻痺してしまう程重要だということをどれ程自覚していられるでしょうか。そしてまたひんぱんに、直接に、学生や外来者と接触するということから、事務の皆さんこそ、西南の建学の精神、キリスト教の精神を身につけていなければならないのだということを認識していられるでしょうか。皆さんの態度は知らず知らずの内に学生に影響し、外来者の評価を浴びるものです。事務の態度として直接的に評価されることはなくても、結局は西南が事務によって評価されるといっても言い過ぎではないのです。どうかこのような自覚に立って仕事に励んでいただきたいと思います。そしてその精神を養うものの媒介として、この部内報が有意義に活用されることを心から願っております。けれども何よりも大切なことは、これが皆様自身の部内報だということを知っていただくことです。気軽に、そして積極的に利用して、それぞれの領域を広げていただきたいものだと思います。

6 「西南学院大学広報」第3号　1968年7月4日発行

起てよ勇ましく　学院の若き子らよ

── 西南の新しい発展のために ──

院長　E. B. ドージャー

激動する社会の中で

今日、新聞、テレビを通じて報ぜられる最近の社会情勢は、全世界が一つの転換期を迎え、同じような問題をかかえ、はげしくゆれ動いていることをまざまざと感じさせるものがあります。

それは著しい報道機関の発達により、世界中が相互に同じ要因で同じような動きを引き起し易くしたためでもありましょう。日本の場合を考えてみても、山積する種々の問題を前にして、どの方向をたどるべきかと右往左往している状態のように思われます。また、学問の府である大学においても同様、今日ほど批判、論争の中で、大学の存在意義が問われている時代はないでありましょう。特に私学の場合、学校運営の点からいっても、また、教育行政の面から見ても、大学として最もふさわしい十分なる備えがなされているとはいい難く、これらの問題に関して本学としても、この厳しい挑戦を回避することなく、今後のあり方について謙虚に、これらの批判に耳を傾け、真剣に考え、その立場を明らかにしてゆかねばならないと思います。

西南学院は今年創立52周年を迎えました。半世紀をやっと過ぎた程度で、それほど古い歴史をもった学園とはいえません。しかし、今日までわが西南学院が、独自の建学の精神をうち立て、それを一貫して守り続けて来たということは、決して生易しいものではなかったといえましょう。特に大戦後の混乱期にあって、価値体系の180度の転換と、その後の驚異的な経済成長、それに伴う意識の変革の中で、今日に至るまで脈々とその精神を伝え得たということは、本学の建学の精神、「キリストに忠実なる」ことが、常に新たな、そして普遍的な精神であったからだと確信しております。

最高学府に学ぶということは、何も社会に出て、立身出世し、栄達の道を歩むためだけではないはずです。それがどんな使命を持つものか、私達は、大学人としてのはっきりした自覚を持たなければならないと思います。

それはすなわち、高邁な精神と教養、深遠な学識を身につけ、しかも普遍的価値観に立って、少しでも社会の正しい発展と隣人の幸福に寄与しうるものとなること、そうしたたゆみない地道な努力を続けてゆくということでありましょう。そして今日の、この混乱した社会においてこそ、切にそういう人物が望まれているのだと思います。

キリストの歩まれた道を

そのためにわれわれはまず何を考え、何をなすべきでしょうか。

大学というところが、あくまでも学問研究の場である以上、高い学識を身につけることは、むしろ当然のことだといえましょう。論争はしたくないということから、事なかれ主義に堕し、低いレベルの学問で事足れりとすることは絶対に許されることではありません。学問をする場なら、学問をする場として、真剣に真理を探求し、そのための努力がなされなければならないと思うのです。

広い視野に立ち、豊かな教養と専門的知識、学識を身につけることに邁進せねばなりません。そしてまた、これらのものを兼ね備えてこそ、人々は冷静に、より正しく、公平に歴史を顧りみ、未来を見通す目を持ち得るのです。

人と人との関係の中で、また、すべての学問、文化に対して、最も謙虚に、しかも大胆に自己の見解を述べ、そこではじめて底に確固とした普遍性を踏えた、常に新しい道を示すものとなり得るのではないでしょうか。

しかし一方において、学識・教養・ヒューマニズムを備え持っても、それだけではどうしても越えることのできない限界といったものがわれわれ人間にはあるように思われます。その壁にぶつかった時、人間の内にとどまるなら、その人はその時点で足踏みしてしまうことになるでしょう。それを突き破ってゆくためには、どうしても、いと高き所からのまなざしを受け止めてゆかねばならないと思うのです。そしてその時、私達はキリストこそ、その最も良い範たることを確信するのです。

“さあれ友よ　使命重し　起てよ勇ましく　学院の若き子らよ”

これは諸君がよくご存じの校歌の一節です。今まで、ただ何げなく口ずさんでいられた方も多いのではないでしょうか。しかし、今こそ、この言葉をしっかりと胸に刻み込んでいただきたいのです。

キリストの精神を建学の精神とするということは、キリストご自身の歩まれた道を歩めというきびしい挑戦に他なりません。西南に学ぶものの絶対的な使命として、そのことを十分に理解し、体得していただきたいのです。

大学はあくまでも学問的レベルにおいて、また建学の精神において、その使命の自覚において社会の評価に耐え得るものでなければなりません。学生諸君の１人１人が、その使命に立ち、学識と、建学の精神を踏えて、大学人としての本文に徹するならば、それこそ本学存立の意義が明らかにされたこととなるでしょう。そして、それは何よりも、諸君の自覚に待たなければならないのです。

起てよ勇ましく　学院の若き子らよ！

7 「西南学院大学広報」第４号　1968年10月11日発行

建学の精神は何か

――バプテストの信仰に立って――

院長　E. B. ドージャー

西南の創立

52年前、神の意志と導きによって、西日本の地に一粒の麦がまかれました。キリスト教の精神を基とし、理想と正しい価値観をもった人材を世に送り出す機関としての、大きな使命をもちながらも、それは誠に小さな一粒の麦でありました。今日、大学だけで、５学部、約6,000人の学生を擁する学院へと成長したことを覚え、感謝の念で一杯であります。

しかし、この輝かしい発展も、もし単に規模の拡大ということのみでありますならば、いい換えれば、学校の規模が拡大したために、建学の精神が浅薄化するといたしますならば、わたくしたちはむしろ悲しむべきこととして、この発展を神に恥じねばなりません。西南学院の存在の意義は、ひとえに建学の精神がいかに現時点において生かされているかということによって、はかられねばならないものです。形体は時代時代によって異なっても、キリストに忠実であるという、西南学院の原点がつらぬき通されていなくてはならないのです。

学院創立間もない頃、運営上の問題で困り果てた時の創立者、C. K. ドージャー先生の日記に「もし西南にしてあなたの育成したもうものならずば、我らの目をすみやかに開いて、この学校を閉鎖せしめたまえ。もしあなたの育成したもうところならば、願わくばこれに水注ぎたまえ。私どもは、断じてあなたの喜びたまわず、恵みたまわざる事業に生涯をささげる事を欲しません」と記されております。わたくしたちは現在、どれだけこのような徹底した神への忠誠を抱き得ているでしょうか。歴史をもち、ある程度充実した設備を有するにようになると、まず、存続させることが第一義的なことになり、学校設立の意図が少々歪曲されても、ほおかぶりしたくなるのが人間の心理です。西南学院も、文科系総合大学として一応の設備が充実しつつある今こそ、この弊害に陥ることのないように、建学の精神を１人１人の胸の中に銘記しなければならないと思うのであります。

キリストに忠実なること ── 愛と自由

西南学院の寄付行為の第１条に「本学校法人の目的は、基督教の主義に基き」また、「前項の基督教とはその教義の標準を新約聖書に置くものとする」と定められております。いい換えれば「イエス・キリストは主である」（ピリピ２・11）すなわち、イエスが神であること（ヨハネ14・９，17・３）を告白し、神中心の人生観に立つことを意味するものであります。このことについて、イエス・キリストは次の原則を人間に課しておられます。

「心をつくし、精神をつくし、思いをつくして、主なるあなたの神を愛せよ」
「自分を愛するように、あなたの隣り人を愛せよ」（マタイ22・37－39）

このことを一言でいえば、徹底して主に隷属せよ、ということでありましょう。それが、真理への道であり、完全な自由への道であり、愛の成就である、と説くのであります。なぜならば、キリストご自身が、愛の具象として表われ給うたからであります。すなわち、人間に自由を得させるために、ご自分の生命を捨てるという、大いなる、そして、はげしい愛を示して下さったからであります。

自由とは、罪からの解放をいうのでありましょう。罪ということを、エゴといい換えれば、いく分わかりやすいかと思われます。とすれば、罪の解放とは、我欲をなくしてしまうということですから、人間が自己のみに依存して、その範囲の中だけで生きてゆこうとするならば、決して真の自由に到達できないということになります。したがって、人間の自由とは、それぞれの欲求のままにふるまうというのではなく、反対に徹底してそのような欲望を捨て去り、神の愛のみを受けて、神の僕として神につき従ってゆくことによってのみ、全うされるということであります。

では、神につき従うとは、どういうことでありましょうか。マルコによる福音書第10章45節に「人の子が来たのも、仕えられるためではなく、仕えるためである」という、イエスご自身のみ言葉があります。このみ言葉に示されているように、主は人間を救うためにその身を捧げられたのであり、神に従ってゆくということは、自分を無にして他の人に仕えてゆくということを意味します。この神の愛を受けた奉仕の精神こそが完全な自由を生むものであります。そして、この時はじめて人間は、絶対・普遍の価値観をふまえ、何ものにもとらわれない自由人として、強く、雄々しく、社会に処してゆけるものでありましょう。

西南の使命 ―― 社会の良心たれ

昭和元禄という言葉が、こんにち盛んに用いられています。なんとなく飽和状態的な気分が充満していることをいうのでありましょう。個人個人をとってみれば、決して充足しているわけではないのですが、社会機構が固定しつつある現状では、あきらめの中に埋没してしまいがちのようです。それが安易な消費生活やマイ・ホーム主義に拍車をかけ、モラルの低下を招いていることは否めません。そこにはいたずらなエゴイズムのしのぎ合いがあるだけです。

しかも、より危険なことは、教育機関までもが、この人間の欲望充足の手段と化しつつあることであります。社会の指導層が、自己の欲求のみで動く人々によって占められるとしたら、一体どのようなことになるでしょうか。いまこそ、西南は存在の意義を全うせねばなりません。すなわち、神の真理をふまえ、それ故に、完全に自由なる判断力を持ち、愛の奉仕の精神を備えた指導者を１人でも多く世に出し、社会の良心たらしめようとするのであります。

西南はバプテストの信仰の上に立つ学園であります。バプテストの信仰は、その歴史を見てもわかるように、いつ果てるともしれない迫害の中を、どこまでも雄々しく、勇ましく自由を求めて戦い通した信仰であります。信教の自由・言論の自由を得るために、いかに多くの殉教者を送り出さなければならなかったか、この最も大切な点を銘記せねばなりません。

西南にあるものは、この精神を受け継いで欲しいものです。社会にあって、何ものにも屈することなく、常に新たに真の自由を求め続けることが、１人１人の使命として私達に課せられているのです。また、同時にそれは、手塩にかけて育てあげたうつわであっても「主よ、みこころでないならば、どうぞとり壊して下さい」と叫びうる、徹底して謙虚な、無我で、無償の行為に裏付けられていなくてはならないでありましょう。このような完全な勇気と自由は、神への絶対的服従によってのみ体得されるものであります。キリストに忠実なることは、決して生やさしいことではありません。道は遠く、厳しいといわなければならないと思います。しかし、この使命を回避することなく、西南の学生のみに与えられた特権として自覚し、堂々と受けて立って下さることを切に願ってやまないものであります。

8 「西南学院大学広報」第５号　1968年12月13日発行

全学院的視野に立とう

──相互の理解と協力のために──

院長　E. B. ドージャー

１つの根に連なるもの

「西南学院大学広報」は、その名の通り、元来大学の広報を目的として発刊されております。しかし西南学院は、幼稚園から大学に至るまで、実に６つの学校を併設する総合学園であり、全学院を通して建学の精神が生かされ、教育方針が一貫して全うされてこそ学院存立の意義があるのであります。大学は、いわば最後の仕上げの課程として、あくまでも学院の一翼を担うものであるわけです。これは同時に短大その他の学校についても同じことがいえます。従って、どの学校に所属するものも、全学院の一員であるということを自覚し、すべての学校についてよく知っている必要があります。日頃は他の学校のことに思いをはせることは少ないでありましょうから、少しでも互いの認識のために役立つならばと思い、今号の広報を、全学院特集としてお届けすることになりました。

ところで、６つの学校といいますのは、舞鶴幼稚園、早緑子供の園、中学校、高等学校、大学および西南聖書学院であります。

学院最初の生い立ちは、教会内外におけるリーダーの養成を目的として、明治26年に開学された神学塾に端を発するものであり、この１つの根が６本の大きな枝を持つ、こんにちの大木にまで成長したのであります。神学塾についで福岡の赤坂門に明治40年、福岡神学校が開設され、続いて明治45年に英語夜間学校、大正２年に舞鶴幼稚園、そして大正５年に西南学院の創立を迎え、ここに学院は最初の土着を見るにいたりました。西南学院は、大正５年を創立の年とし、今年で創立52周年ということになっておりますがれい明期から計算しますと、実に75周年を迎えていることになります。この長い沿革を詳しく見てゆくとよくわかるのですが、学院が１つの目的の下に、１歩も足を踏みはずすことなく、着々と成長の道を歩んで来たことが明らかであります。そして同時に、この時、いかに多くの同信の友の援助が、国内外を問わず、物心両面からさしのべられて来たか、実際に校舎が、土地がそれによって購入され、発展の実質的力となって来たかを認識しなければなりません。それも西南学院が、キリストの教えに基づいて、人格教育をなし、キリストの精神を身につけた人材を世に送り出し、社会の発展に寄与せんとする目標の下にひたすら歩んで来たからであります。従って、西南学院は75周年というものを通して、人々の祈りと念願を受け継いで来たのであり、その重みに応えてゆかねばならぬ義務を負っているものであります。現在、私達がなすべきことは全学院が一体となって、目標を遂行することでありましょう。

１つ１つの枝は

さて、１つ１つの学校について少し紹介しておこうと思います。

まず舞鶴幼稚園は、大正２年の開園ですから、歴史的には、どの学校よりも古いということになります。幼児期の教育は、人の人格をも形作ってしまうことがあるだけに、非常に大切であり、その任に当る者には、確固とした信念が要求されます。福岡の地での舞鶴幼稚園の評価は高く、誇りに思ってよいものがありますが、それもまだ幼児教育があまり問題にされなかった時期に、すでにその重要さを認識した精神の斬新さと、教育方針の徹底と、一貫性が今日においても脈々と通っているからでありましょう。

早緑子供の園は、戦後、孤児の養育を目的に開園されたものであります。今日でも共働きの家庭の子供達の世話をしつつ、奉仕に当っております。

中学校は昭和22年、新制度による中学校として発足しました。12～13才という中学生の年代は自我の自覚という点で、また信仰の決意をうながすという面でも、人生の重要な時期であると思われます。ここに、キリスト教を教育の基本理念とする西南学院設立の意義が見出されるといえましょう。今日でも、一貫教育をめざす学院にとって、中学校が教育の第１歩であることにはかわりはありません。

今日の高等学校は、旧制中学校の後身に当たるものと思われます。この時期は、人間の精神面では、一番感受性が強く、それだけにむずかしいものであります。また、この時期に受けた様々な衝撃は、一生をも左右する力を有するものがあるだけに、教育者も、全人格をもってぶつかってゆくことが要求されます。特に、こんにちでは大学進学のために予備校化され人格の育成という面が無視される傾向がありますが、この時にこそ、私学の長所を最大限に活用し、広く豊かな人格を形成するよう努力してゆかねばならないと思っております。大学進学に特別の推薦制度を設けているのも、日頃の勉学をまじめにやっていれば入学できるもので、大切な青春時代を受験勉強のために奔走させ、潤いのない人間にしたくないとの教育方針によるものであります。

ところで鳥飼にあったばかりになじみの薄かった短期大学部児童教育科は、今年は宿願の新校舎を西新の地に得ることが出来て、関係者共々大喜びです。何年となく施設の面では不便をかこって来ましたし、教育の基礎となる幼児教育に当る人材を養成する機関であるだけに、一日も早く設備の整った場所で、充実した教育を行なわねばならないと思っておりましたから、感慨もひとしおであります。この科は、昭和10年に女子神学校として開設され、昭和15年に西南保姆学院と改名、認可を受けて、幼児教育者の養成に当たって来たものであります。西日本一帯各地で本校の卒業生が強く望まれている事実は、古い歴史を通してつらぬかれてきた学院精神が認められていることを示すものでありましょう。

これもまた、なじみの薄いものと思われますが、干隈の神学校に併設して、聖書学院があります。おもに牧師の補佐的役割を果す伝道師の養成に当たっております。

さて、大学は、今年開学20年を迎えました。大正10年、専門学校令に則って発足した高等学部を前身として、開学後20年にして学生数約6,000、５学部を擁する文科系総合大学へと成長いたしました。施設の面においても、着々と拡充計画が進められ、今年11月には、収容能力30万冊、600座席という、実に堂々とした大学新図書館（５階完成後）が竣工したのをはじめ、待望の大学体育館建設もいよいよ12月より着工のはこびとなりました。図書館、体育館は人格の２大要素を形成する場となるものであります。図書館は出来るだけ学生の利用しやすいようにと、工夫に工夫を重ねて設計されておりますし、体育館も、正課の授業を中心に、課外活動の面においても、積極的に利用出来るよう、計画されております。どうか思う存分に活用されますよう願っております。20年という、この歳月が徒らに重ねられて来たものでないことは、大学の発展を見ればわかることですが、一応の設備、体制の整ったこの輝かしい年こそ、また同時に地固めへの第１歩ではないかと思われます。西南学院大学が、今後大きく飛躍出来るか否かは、教職員、学生共に、どれだけの実力を有しているかにかかって来るものでありましょう。ここで、ひとつ、じっくりと学問、研究に打ちこみ、各々に課せられた分野を極めていただきたいと念願いたしております。

お互いへの認識と協力とを

戦後の学制改革の後、６つの学校へと枝を張った西南学院は、それぞれ着実な歩みを見せ、独立した機関として、立派にその使命を果たしております。しかし、先にも申しましたように、西南学院の存在は、全学院の一貫性をもってはじめて全うされるのであります。キリストの精神を基とし、その下に人格を形成してゆこうとする教育には、一貫性こそが存在の特色であり、また、私学だからこそ行ないうる教育であると言わねばなりません。各学校が独立性を強めれば強めるほど、自己の存在を主張したくなるものでありましょう。事実、おのおのの独立性は、もとより大切なことであります。しかし、その底に流れる共通性を踏まえ、一本の確たる方針に則っていなければ、西南学院の一翼として存在することの意味がなくなります。また、実際、それぞれが学院という大樹の一枝として存在するかぎり、他の存在を無視することは許されないことであります。といいますのも、外からの評価は大学から中学、ひいては幼稚園までのすべてを含めた「西南学院」に向けられるものですから、その評価は「西南学院」に向けられたものとして返ってくるのでありましょう。このことは、教職員、学生生徒、同窓生間の結びつきにも同じことが言えると思われます。一般に私学における人間関係は、公立校よりも強いということが言われますが、それも、私学特有の校風によって、１人１人が自ら強く結び合っているからであり、同時に各自が、自分の属する西南学院に、どのようなかかわり方をしているか、ということがそのまま西南学院への評価となって現われて来るということでもありましょう。従って、私達おのおのが生かされるためには「西南学院」が６つの学校から成り立っていることを深く自覚し、各人が、それぞれを生かすよう努力することより他に道はないということになります。そのためには、まずおたがいをじゅうぶんに認識することであります。その時はじめて各自が占める位置というものを知り、他への協力が可能となるのだと思われます。おたがいが、おたがいの存在を認め、協力しあうところにおいてのみ、自己の進む道が明確に示されて来る。それが西南学院のあるべき姿なのであります。どうか西南学院が一つのまとまった力として、存在の意義を全うしうるよう、１人１人のご協力を切に念願するものであります。

9 「西南学院大学宗教部報」第22号 1969年6月2日発行

神と人とに誠と愛を

故 E. B. ドージャー

たゆみない努力の成果として、入学された諸君に、心からお祝い申し上げます。

ところで、私学の存在意義は、独自の建学の精神にあります。西南学院は、「西南よ、キリストに忠実なれ」との創立者の遺言を、その精神としておりますが、諸君も、選ばれて、西南学院の一員となったのですから、他の学校では得られない、西南独自の精神を、じっくりと体得していっていただきたいと思います。

さて、キリストに忠実なれ、とはどういうことでしょうか。それを知るためには、まずキリストの歩まれた道を学ばねばなりません。何よりも聖書を読んでいただきたい。謙虚で、真摯な気持をもって、是非とも取り組んでいただきたいと願っております。キリスト教学も4年間必修ですし、チャペルの時間もあります。自分には関係のない時間として、居眠りをして過すことも可能ですが、最初から心を閉ざしてしまうのは惜しいことです。キリスト教の教義そのものに賛成するか、反対するかは個人の自由ですが、その精神は、諸君の人格形成の上に、大きなプラスとなることを信じております。では、「キリストに忠実なれ」との言葉を、私は、どのように捕えているかを少し述べてみましょう。

まず、それは「神と人とに誠と愛を」という言葉に言い換えられると思います。キリストの最大の教えは「愛せよ」であります。愛するということは、どこまでも信じることであり、望みを失わないことであり、他を尊重することであります。すなわち、誠意を尽す、ということでありましょう。あなたがた自身、心の内に問うてみれば良くわかると思いますが、我々は元来、利己的なものです。裏切られることを恐れ、つい疑いの心が芽ばえるものですし、他よりも少しでも優位に立つことを望み、とかく他人を軽んじようとするものです。しかし疑えば、疑われ、軽んじれば、軽んじられることを知らねばなりません。自分に返って来るから相手に尽す、というのでは愛ではありません。第一、そんな心の狭さはすぐ相手に通じるものです。愛とは無償の行為です。無償の行為だからこそ、愛は厳しく、強く、そして人生の究極の目的へと我々の目を開かせてくれるのです。知識や、知性は、物事を賢く、深く、広く見るために必要なものです。しかし、それだけでは決して、人間を真理へ導きはしません。何がほんとうの道かを見定めるということが、どんなに困難なことか、今日の目まぐるしく変化し、混乱する世の内にあって、諸君は既に体験ずみであろうと思います。絶対的な価値の基準が失われてしまっている現在、キリストを模範として、従ってゆこうとする西南の歩みは、諸君に必ずや、１つの方向を示し、社会にあって、地の塩となさしめ得ると信じます。

（この遺稿は、新入生歓迎のために、宗教部報に寄せられたもので、残念なことですが最後のものとなりました。）

II　E. B. ドージャー年表
（Edwin Burke Dozier, 1908–1969）

年	月　日	事　　項
1908	4月16日	父C. K. ドージャー（西南学院創立者）と母M. B. ドージャーの長男として長崎市出島で生まれる
	月日不詳	生後6か月で福岡市養巴町（現在の福岡市中央区大名）に移り、幼・少年期を過ごす
1910	6月10日	妹ヘレン・アデリアが神戸で生まれる
1913	月日不詳	母M. B. ドージャー指導のもと、カルヴァード・スクール・システムによる自宅教育を受ける（1921年まで）
1916	2月15日	父C. K. ドージャーが西南学院を創立する
1920	9月12日	福岡バプテスト教会でバプテスマを受ける
1921	8月	米国ジョージア州のゲインズヴィル高校で学ぶ（1922年8月まで）
1922	8月	日本に戻り、神戸市のカナディアン・アカデミー（高等学校）に入学する（1926年6月卒業）
1924	11月	日本で宣教師として働く決心をする
1926	9月	米国ノース・カロライナ州のウェイクフォレスト大学に入学する
1927	12月	ウェイクフォレスト大学で説教師の資格を取得する
1929	月日不詳	ウェイクフォレスト大学を卒業（B.A.）し、同大学院で学ぶ（M.A.）
	9月8日	米国ジョージア州ゲインズヴィルの第一バプテスト教会で按手礼を受ける
	9月	米国ケンタッキー州ルイヴィルのサザンバプテスト神学校に入学する
1932	3月	サザンバプテスト神学校を卒業（Th.M.）する

年	月　日	事　　項
1932	4月30日	ウィンゲート・バプテスト教会でメアリ・エレンと結婚する
	12月	妻M. E. ドージャーと共に、バージニア婦人宣教連合派遣宣教師として来日する
1933	1月1日	高等学部教授に就任し（1941年3月まで）、英語・倫理・ギリシア語・旧約聖書・宗教教育を担当する
	〃	高等学部文科長に就任する（1935年1月17日まで）
	5月31日	父C. K. ドージャーが北九州市小倉の自宅にて召天（54歳）
	7月14日	米国南部バプテスト連盟外国伝道局から、妻M. E. ドージャーと共に、派遣宣教師として正式に任命される
	8月5日	学院理事に就任する（1934年4月27日まで）
1936	10月26日	長女サラ・エレンが東京で生まれる
1938	1月9日	福岡JOLK放送局から「御製を通じて拝したる明治天皇の大御心」（The Concept of God in the Imperial Odes of Emperor Meiji）を放送する
	4月5日	高等学部英文科長に就任する（1940年まで）
	〃	高等学部神学科長に就任する（1939年まで）
	6月	休暇のため帰米する（1939年8月まで）
1940	7月15日	長男チャールズ・マーヴィンが長野県軽井沢町で生まれる
	月日不詳	学院の経営支援のため、自身が所有する長野県軽井沢町の土地・建物の寄贈を申し出る
1941	4月	第二次世界大戦の勃発により、母M. B. ドージャーらと共に日本を離れる
	5月11日	『西南学院論叢』創刊号に “The Bible as Literature” を発表する
	5月	米国ハワイ州（当時は米国属領、以下同じ）ホノルルに移り、オリベット・バプテスト教会などで日系人等に宣教活動を行う（1946年まで）

年	月　日	事　　項
1941	12月	太平洋戦争が始まり、ハワイ州政府嘱託に徴用される(1943年6月まで)
1942	月日不詳	米国ハワイ州のバプテスト聖書学校設立に尽力し、旧約聖書、宗教教育、説教学を教える
1945	2月27日	次女アデリア・アンが米国ハワイ州ホノルルで生まれる
1946	10月30日	米国南部バプテスト連盟外国伝道局からの代表宣教師として来日し、東京都世田谷区の熊野清樹氏宅を拠点に、日本での宣教活動を再開する
	12月	米国南部バプテスト連盟外国伝道局に報告書「ドージャー・レポート」を提出する
1947	2月28日	学院理事に就任する（1954年4月6日まで）
	10月30日	休暇のため帰米する（1948年8月まで）
1948	4月	日本バプテスト連盟副主事に就任し、これ以後、連盟理事（1948-59, 1965-66）をはじめ、主事、副総主事、特選理事、出版部長、教育奉仕部長などの役職を歴任し、連盟の発展に貢献する（1966年まで）
1949	3月13日	伝道を目的とした出版機関「ヨルダン社」を設立する
	4月	大学非常勤講師に就任する（1958年8月まで）
1951	5月	学院創立35周年記念伝道や大学春季キリスト教強調週間の講師を務め、多くの学生・生徒をバプテスマに導く
1954	7月27日	休暇のため帰米する（1955年8月まで）
1955	5月30日	ウェイクフォレスト大学が名誉神学博士号（D.D.）を授与する
1957	11月6日	学院理事に就任する（1969年5月10日まで）
1958	6月25日	大学教授に就任し（1969年5月10日まで)、伝道学、教会管理学、説教学を担当する
	9月	東京から福岡に移住する
1959	2月25日	心臓麻痺で倒れ、京都バプテスト病院に入院する（同年3月26日まで）

年	月　日	事　　項
1960	4月1日	大学短期大学部長に就任する（1963年10月21日まで）
	〃	舞鶴幼稚園長に就任する（1963年12月31日まで）
	5月1日	妻M. E. ドージャーが早緑子供の園園長に就任（1963年12月31日まで）し、自身も園の運営を支援する
	7月	休暇のため帰米する（1961年9月まで）
1962	5月10日	学院宗教部長に就任する（同年8月31日まで）
1963	月日不詳	*Christian Evangelism: Its Principle and Techniques*をヨルダン社から出版する
1965	11月1日	学院長に就任する（1969年5月10日まで）
1966	4月1日	学院宗教部長に就任する（1967年5月26日から宗教局長に改称、1968年5月31日まで）
	5月11日	学院創立50周年記念式典で、学院の世界貢献について式辞を述べる
1967	5月	休暇のため帰米する（同年9月まで）
	7月	学院長名を冠した英語暗唱大会「ドージャー杯暗唱大会」が創設される
	12月1日	大学学長代理を務める（1968年2月28日まで）
	〃	中学校校長代理を務める（1968年3月まで）
1968	10月23日	日本国政府が勲四等旭日小綬章を授与する
1969	3月	建学の精神「西南よ、キリストに忠実なれ」を具現化した標語「神と人とに誠と愛を」を公表する
	4月23日	学生運動が激化し、大学1号館の院長室などが封鎖・破壊される
	5月10日	九州大学病院にて召天（61歳）
	5月11日	学院・学院同窓会・田隈バプテスト教会による合同告別式が西南学院バプテスト教会で行われる
	5月12日	西南女学院構内（北九州市小倉）の「西南の森」墓地に埋葬される

年	月　日	事　　項
1969	5月20日	学院主催の記念追悼会が大学チャペルで開催される
	6月2日	召天後に発行された「大学宗教部報」22号に「神と人とに誠と愛を」が掲載される
	9月8日	ドージャー文庫1,342冊（和書176冊および洋書1,166冊）が大学神学部に寄贈される
1972	1月13日	母M. B. ドージャーが米国にて召天（90歳）
	4月1日	母M. B. ドージャーほか関係者の寄附金を原資とした奨学金「C. K. ドージャー記念奨学金規程」が制定される
1976	4月1日	妻M. E. ドージャーの寄附金を基金として設立された奨学金「M. E. ドージャー奨学金規程」が制定される
1999	7月29日	妻M. E. ドージャーが米国にて召天（91歳）
2005	1月15日	妹ヘレン・アデリア・ピーチが米国にて召天（94歳）

編集後記

西南学院バプテスト資料
保存・運営委員会委員長

金丸英子

西南学院史資料センターはこれまで、先達の生涯と建学の精神を伝えることを目的とした刊行物を出してきました。それらは『西南学院の創立者 C. K. ドージャーの生涯（改訂版）』(2014年)、『西南学院の創立者 C. K. ドージャー夫妻の生涯』（2016年)、『ウィリアム・マックスフィールド・ギャロット伝「遣わされた方の御心を行うために」』（2021年）の３冊で、そのうちの最初の２冊は過去に学院が出したものに手を入れた改訂版です。私たちはこれらのどれもが刊行目的に十分に適う内容であると判断し、学院もその意義を認め、企画を承認して下さいました。本書もそれに連なる１冊です。

この底本は、市内の教会で牧師としてお働きになる傍ら、大学神学部の非常勤講師として本学の教育に尽力され、後に、福岡女学院大学で教授、院長を歴任された斎藤剛毅先生の『神と人とに誠と愛を～ E. B. ドージャー先生の生涯とその功績～』（東京・ヨルダン社、1986年）です。私たちは、そのご本に先のギャロット伝に続く学院刊行物としての価値を見出し、出版を願ってまいりましたが、諸般の都合により企画から３年余を経て、この度ようやく実現の運びとなりました。

現在、著者の斎藤剛毅先生は大和市に在住で、日本バプテスト連盟相模中央教会の協力牧師としてご活躍です。先生はこの企画が海のものとも山のものとも分からない時からさまざまご意見、ご提案等を下さり、私共と一緒に学院の企画承認を忍耐強く待ってくださいました。承認が下りると、底本全体を見直され、その都度誤字等の訂正箇所を詳細にご提示くださいました。事務局との頻繁なメール交換も始まりました。そのような情熱の在り処を解く鍵ともいえる文章が底本の『神と人とに誠と愛を～ E. B. ドージャー先生の生涯とその功績～』の「あとがき」に記されています。少し長文ですが、引用いたします。

E. B. ドージャー先生が、日本バプテスト連盟内にあって果たした重要な役割は、日本キリスト教会において未だ充分に認識されていないと思います。師は、第二次世界大戦後、日本バプテスト連盟の結成になくてはならぬ役割を果たし、また、その発展に大きく貢献された人物でありました。師の優れた働きは、時代の進行と共に忘れられてゆく傾向にありますが、筆者は、親子２代にわたって、その生涯を日本人に捧げ尽された偉大な宣教師の精神と信仰を、伝記の形を通して語り伝えたいと願いました。そして、それは筆者の務めであり、責任であると感じたのです。(本書115頁、傍点筆者)。

私たちもまた、「時代の進行と共に忘れられてゆく」定めにある学院の宣教師の姿とその精神を語り伝えたいと願っています。そこに建学の精神に堅く立ち、その具現化に生涯を捧げた宣教師たちの足跡を見る思いがするからです。それが、神学部須藤伊知郎先生の最近の名言「額縁に入った建学の精神」ではなく、「生きた建学の精神」そのものです。

E. B. ドージャー先生は、学院の創立者であり父であった C. K. ドージャー先生が、文字通り心血を注ぎこみ、死の床にあってなお心から離れることのなかった西南学院への愛と献身をご自身の全身で受け止め、担おうと励まれました。宣教師としては、第二次世界大戦敗戦の爪痕も生々しい中、疲弊した日本のバプテスト教会の復興のために奔走し、教育者としては、本学キャンパスにも吹き荒れた大学紛争の嵐の中、院長としてその収拾に追われ、持病を悪化させ、その生涯を閉じました。

私共学院史資料センターは、以上のような E. B. ドージャー先生の働きが今日の西南学院の発展にとって忘れ去られてはならない貢献であると考えています。本書が、先達の祈りと愛と献身の上に西南の今ある事をささやかながらでも思い起こさせるようにと願います。西南学院史資料センターは、その務めを担ってこそ、学院にとって存在の意味があるというものです。どうぞ、本書をお手に取って頂けますように。関係者一同、切に願っております。

神と人とに誠と愛を
～E. B. ドージャー先生の生涯とその功績～

1986年８月20日　初版発行
2023年10月31日　第２版発行
著　　　者：斎藤剛毅
編集・監修：西南学院史資料センター
発　　　行：学校法人西南学院
印　　　刷：(株) キャンパスサポート西南
販　　　売：(有) 花書院